縄文人に相談だ

望月昭秀
縄文ZINE

国書刊行会

縄文人に相談だ——1

悩みがちっとも減りません

私の頭の中には、深刻で手のつけられないものから、放っておいても何ひとつ害のない些細なものまで、いろいろな悩みが詰まっています。ひとつ悩みが解決したとしても、悩みを解決するために新しい悩みが生まれていたりするので、ここ数年、頭の中の悩みの総量はまったく変わりません。こういうことって、きっと「悩み多き現代人」特有のものだと思うのですが……。ところで縄文人も、悩んだりしたんでしょうか？　気を悪くしたら申し訳ないんですが、あんまり想像つかなくて。ほら、みなさん野原をかけめぐったり、大声出したり、元気いっぱいじゃないですか。

（ユカ、28歳、女）

すべての悩みは
全部まとめて貝塚へ

現代社会はすごく複雑ですから、誰だって何かしら、大小の差はあれ、いくつも悩みを抱えて生活しています。むしろ、悩みのない人なんていないくらいです。

みなさんはいつも、誰に悩みを相談しますか？　友達？　恋人？　それとも親や兄弟、あるいは会社の先輩？　もしかして北方謙三？　いずれにせよ、まずまわりの近しい人に相談しますよね。

友達や恋人は年齢も近いし、生活も価値観もきっとそれほど変わらないでしょう（いや、中にはずいぶん年の離れた恋人同士だっているでしょうが、概ねの話です）。親兄弟なんて言わずもがな、口癖から好きな食べ物まで知っていますし、そもそも顔も似ています。教師や先輩だって年が離れていたとしても、たかが知れています。

お互いに近い価値観を持っているからこそ、実用的で参考になるアドバイスや、相談者に合っていて、無理のない解決法を提示できるということについては、私も賛成です。

悩みのない人
本文中、「悩みのない人なんていない」と口がすべりましたが、「いないこともない」とここに補足しておきます。

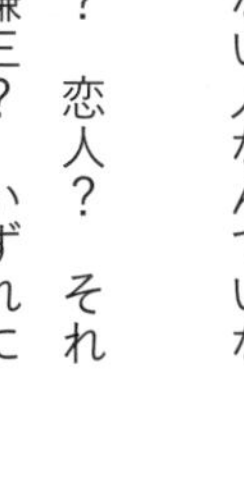
悩みのない人

北方謙三
悩み相談の中でも、レジェンドでもあり特別コースな人といえば、やはり作家の北方謙三を忘れてはいけません。青春人生相談コーナー『試みの地平線』(講談社文庫)で、「ソープへ行け」の一言で青春の悩みを的確かつ一刀両断にする姿勢は、氏のハードボイルドな作風と完全に合致し、気持ちいいの一言だった。本書の目指すところでもある。

でもよく考えてみると、みんながどんなアドバイスをくれるか、なんとなく想像つきませんか。どんな解決法を言ってくれるか、聞く前から心構えができちゃっていませんか。

誰かに寄り添うだけがアドバイスじゃありません。もうそろそろ、背中をそっと押してくれるだけのアドバイスばかり聞くのはやめませんか。

本書は、現代人の（現代的な）悩みに、縄文人（のふりをした現代人）が縄文的に答える本です。縄文人は何千年も前の時代の人ですから、噛み合わないこともあるでしょうし、言ってほしいことを言ってくれないかもしれません。そもそもの価値観に大きなズレがあるかもしれません。

でももしかしたら、くだらない縄談（冗談）に苦笑いしたり、現代的な価値観ではどうしようもなかった深刻な悩みが、縄文的な価値観の前ではどうでもよくなったり、今までの「悩み相談」にはなかったダイナミズムがあるかもしれません。

縄文人だって、現代人と同じように悩んでいました。いくら何千年、何万年前だからといっても、脳の性能は今と何ひとつ変わりません。大声出したり走り回ったりしていても、ヒトは悩むものです。

背中をそっと押してくれる
「頑張らなくっていいんだよ」、「もともと特別なオンリーワン」、実のところだいたいの悩みはこれで十分なのだ。

縄談
縄の談と書いて縄談。ひねりはなく「冗談」の意味。すいません、本書はこれでいかせてください。できれば「大丈夫、ぜんぜんスベってないよ」と、背中をそっと押してください。

もちろん悩むポイントや種類はかなり違っていたでしょうから、そういう点では違うのですが……。

縄文時代には「送り」という儀式がありました。これは、獲物としてとらえた鹿やイノシシや使い終わった道具や、はたまた死んでしまった家族や自分たち自身を「送る」。いわゆる「カミ」に返すという儀式です。もちろんこの頃には、まだキリスト氏もブッダ氏も生まれていませんから、今のカミとは少し雰囲気が違うかもしれません。縄文時代のカミとは森であり、自然であり、縄文人を取り巻く世界でした。そして(貝塚や拠点集落のいわゆるゴミ捨て場を介して行われる)「送る」という行為は、縄文的循環の輪をつなげる最後のリンクでした。森や自然、カミの世界からやってきたものは、ヒトの世界を経由して、森や自然やカミの世界に帰っていくのです。これは縄文世界の根幹をなしている考え方だと僕は思います。

さて、少し難しい話をしましたが、そろそろユカさんの悩みにも答えようと思います。

「悩みがちっとも減りません」ということですが、ユカさんの頭の中の悩み、一旦リセットして、スッキリしませんか？　悩みをそんなにたくさん

送り
アイヌ民族の「イオマンテ(熊送り)」が有名。縄文時代にもそのような儀式があったといわれている。

貝塚
古代の人類のゴミ捨て場。その中でも貝殻の堆積が多いものを貝塚という。縄弱(縄文弱者)のみなさんは、貝塚という言葉をニヤニヤと半笑いで聞いていますが、無文字時代の研究には大切な場所です。縄文時代の貝塚は日本で約2500あまり。中でも千葉県に多い。最近千葉の加曽利貝塚が国の特別史跡に指定された。

拠点集落
地域に点在する集落をまとめる中心となる集落。各種祭祀などもここでやっていたかも。

貯めてはいけません。全部貝塚に送っちゃいましょう。もともとヒトの生活なんてすべて森からやって来たんですから、一回全部森に返しちゃうのはどうですか。

そうです。悩みなんて、全部まとめて貝塚にポイです。

縄文ZINE編集長　望月昭秀

縄文ZINE　縄文時代をテーマにした雑誌フリーペーパー。年に3回発行されている。この本はいってみればもう一つの縄文ZINEである。どちらも弥生や古墳の悪口が多い。詳しくは221ページの告知などをみてください。

大洞貝塚（左ページ）（おおほらかいづか）岩手県大船渡市にある縄文時代晩期の代表的な土器、大洞式の標識遺跡（同様な土器やその他の遺構、遺物の基準となる遺跡）。大洞？　聞き覚えがないなというなかれ、かの有名な「亀ヶ岡式土器」（えっ知らない？）とは正式には大洞式土器のことなのだ。

現在の大洞貝塚はもちろんなにもなく、風の歌が聴こえる遺跡となっているが、取材のために訪れた際には流暢な岩手弁（ほとんど聞き取れなかった）を話す土地のおじいさんが野良仕事をしていて、「持ってけ（聞き取れた）」と今でもときどき出てくるらしい土器片をくれた。

国指定文化財　史跡　大洞貝塚
種別・名称
史跡　大洞貝塚
所　在　地
大船渡市赤崎町字大洞地内
指定年月日
平成十三年八月十三日
（文部科学省告示第百三十八号）
指　定　理　由
特別史跡名勝天然記念物及び史跡名勝天然記念物指定基準（昭和二十六年文化財保護委員
告示第二号）史跡の部一による
説　明　事　項
東北地方北部、三陸海岸中央にある大船の湾奥部に所在する縄文時代晩期の貝塚。
跡の調査成果を基準に東北地方から北海道南
に分布する縄文時代晩期の土器型式（大洞諸型式）が設定された標識遺跡として学史上著名。
また、貝塚全体は良好に保存され、出土した優れた骨角器や多くの食糧残滓は、この地域の漁労の実態や生活の内容をよく示し、大船渡湾貝塚群を代表する遺跡として重要である。
注　意　事　項
史跡の現状変更又はその保存に影響を及ぼす行為をしようとするときは、文化庁長官の許可を受けなければならない。
平成十六年二月二十七日
大船渡市教育委員会

縄文人に相談だ

目次

土偶

山梨県西久保遺跡、縄文中期前半

2 縄文人に相談だ

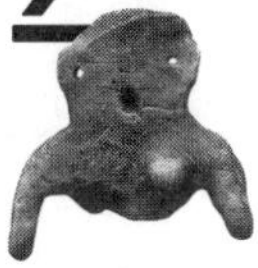

3 縄文人に相談だ

土偶

おしゃれなドラえもんのような風貌の土偶。はっきりネックレスをしている土偶は珍しい。

長野県石神遺跡出土、縄文晩期、小諸市教育委員会蔵

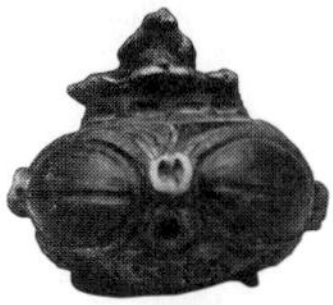

付録

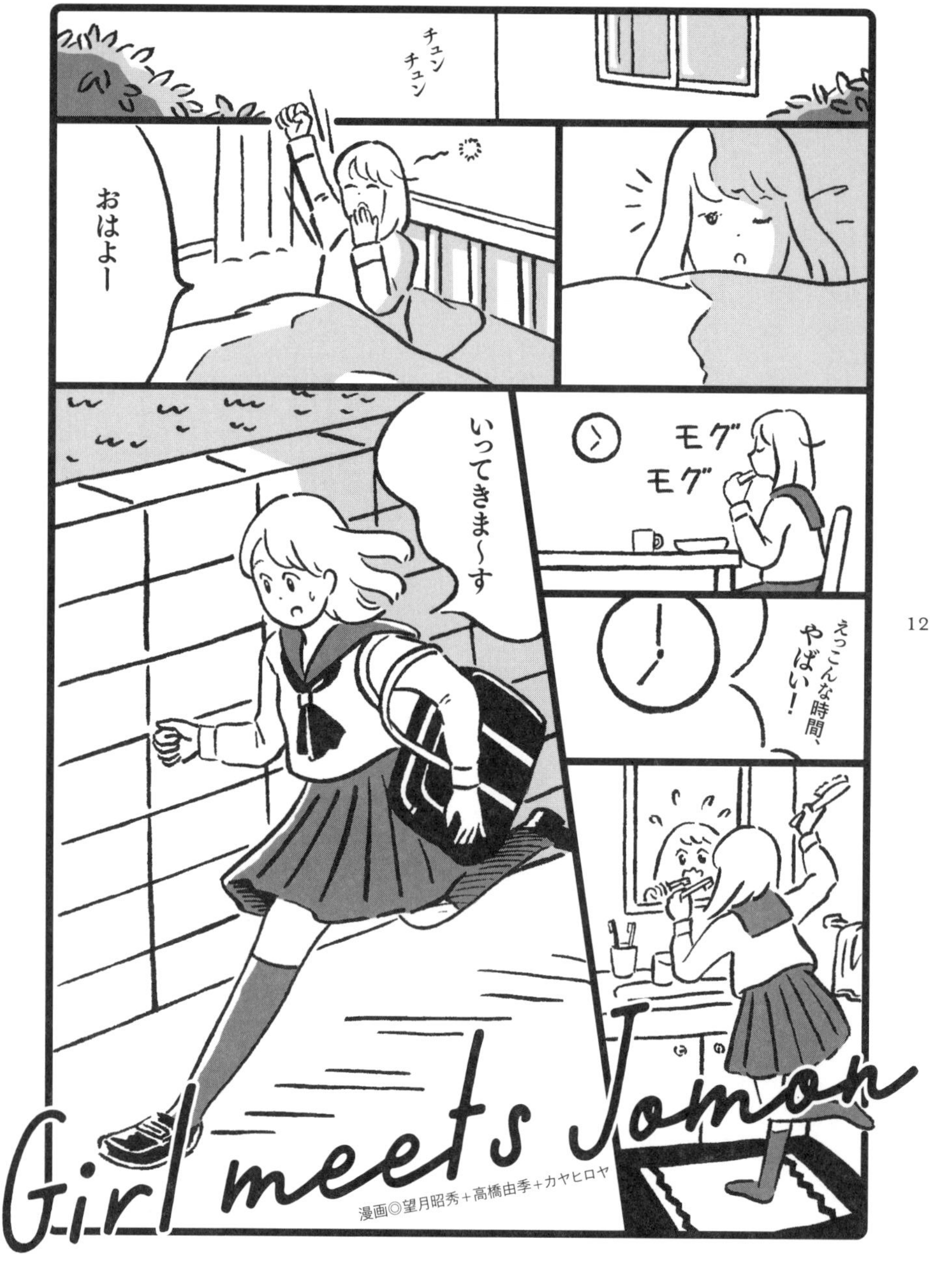
チュン
チュン
おはよー
モグ
モグ
えっこんな時間、やばい！
いってきま〜す
Girl meets Jomon
漫画◎望月昭秀＋高橋由季＋カヤヒロヤ

ガール

あいつ

高橋由季+カヤヒロヤのユニット「コニコ」http://conico.co

縄文時代は文字がなく、当然文献のない時代なので、はっきりとわかっていることは以後の時代に比べてかなり少ない時代です。本書の特性として、わかりようのない縄文人の心に、まるでその場に居合わせていたかのように果敢に、踏み込み、時に断定的な書き方をしていますが、ここには筆者の想像も多分に含まれています。極力、考古学的事実に照らし合わせ、注などで補足するよう努力はしていますが、場合によってはそのような努力ですら怠っています。そうでなくても諸説あるものは「面白いほう」を取りがちなので、これが「たったひとつの正解」ではないということだけご理解ください。

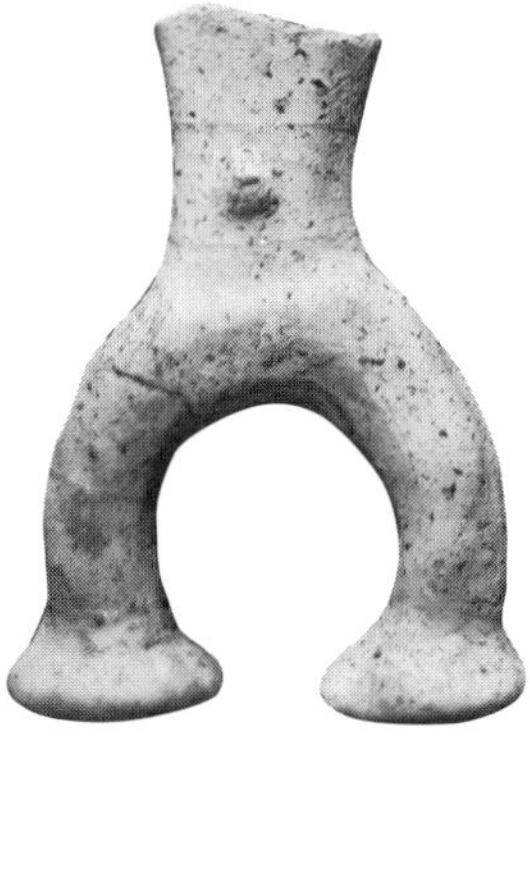

土偶

頭：岩手県屋敷遺跡、縄文晩期
両手：岩手県立石遺跡、縄文後期
下半身：岩手県立石遺跡、縄文後期

1 縄文人に相談だ

おじさんはねえ
土偶なんだよ

土偶

山梨県金生遺跡、縄文後期前半

桃栗3年、柿8年。
縄文時代は約1万2千年。

お悩みをお寄せいただいたみなさん、
ありがとうございます。

縄文人に相談だ——②

昔から整理整頓ができません

僕は鹿児島に住む男子高校生です。昔から整理整頓ができず、気づけば部屋がいつも荒廃しています。もちろん部屋はキレイなほうがいいと思っていますし、どこに何があるのかもいちいち発掘しなければならないので、結構困っています。縄文人さん、僕は一体どうすればいいでしょうか。

（土太郎、17歳高校生、男）

それって旧石器時代のスタイルですね

縄文時代は定住のはじまりの時代ですが、その前の時代、旧石器時代は定住をせずに頻繁に生活の場を移していました。

というのも、生活をするということは、環境を悪くすること。食べ物を採集すれば、その場所の食べ物は減るし、獲った獲物の食べ残しだって出るし、トイレだってしなきゃならない。だから彼らは、ある程度生活して、その場所の環境が悪くなったら立ち去り、次の生活の場に移っていたんです。

もしかしたら土太郎さんには、そんな旧石器時代の記憶が少しだけ残っているのかもしれませんね。何しろ、旧石器時代は縄文時代の何倍もの長い時間を「そう」してきたんですから。だとしたら、整理整頓ができなくても何の不思議もありません。

土太郎さんの選択肢は2つあります。部屋が荒廃したらその場を立ち去る「旧石器時代スタイル」を貫くか、部屋と共存してその場に定住する「縄文スタイル」に移行するか。さあ、どうする？　土太郎さん。

定住

一定の場所に住むことを定住といいます。日本における定住の始まりは縄文時代から。時を同じくして土器作りも彼らは始めるわけですが、定住をはじめてから土器を作りはじめたのか、それとも土器を作り始めて定住が始まったのかを考えると、まるでにわとりと卵の話のように因果性のジレンマにおちいってしまうのだった。

暇と退屈の倫理学

哲学者の國分功一郎氏の著作。この本の中、定住によって人類は「暇」を手に入れたとの考察は白眉にして大共感。

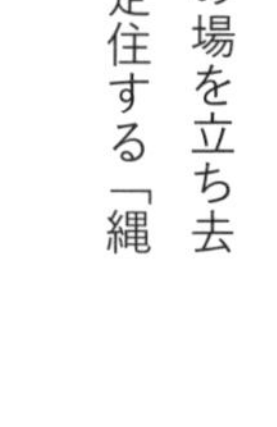

縄文人に相談だ──③

今付き合っている彼氏が彼氏なのかどうなのか

今付き合っている彼氏がいるのですが、実は……その彼氏に彼氏なのかどうか、1年たっても聞けません。すごく優しくて一緒にいて楽しいのですが、どうしても聞けません。どうしたらいいでしょうか。

（沼袋の堕天使、30歳、女）

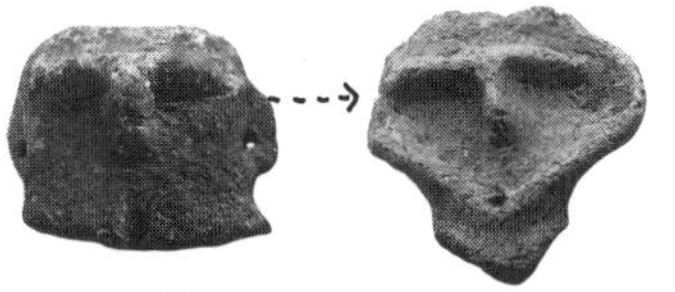

土偶

右：山梨県石堂B遺跡、縄文後期後半
左：山梨県金生遺跡、縄文後期後半

ムラを存続させるための
カップリングが優先

ヒトはある年齢を過ぎると、「告白」とか、「付き合いましょう」という約束を交わさずに、ある日突然「お付き合い」がはじまるようになるので、彼氏、彼女なのか確認をしないまま、ずーっとその状態が続くことがあります。つまるところ、恋人かどうなのか、「違うよ」と言われるのが怖くて聞けないんですよね。男女問わず都会の大人によくある悩みです。

縄文時代の恋愛についてはわからないことばかりです。もちろん、「惚れた腫れた」なんてことがないわけもないのですが、彼らにとっての一番の関心は「子ども」。きっと、ムラを存続させるために都合のいいカップリングが優先されていたのだと想像すると、現代のように恋愛を楽しむことができる猶予期間はすごく短かったかもしれませんね。

だからこそ、一度勇気を出して聞いてみることをおすすめします。せっかく恋愛という優雅な交際を楽しんでいるのに、モヤモヤするなんてもったいないですよ。縄文人から言わせてもらえば、恋愛で一喜一憂して、なんだか楽しそうですね。

お付き合い
縄文時代に彼氏彼女のような恋人という概念があったかどうか……とはいえ同じ人間、ステディな関係があったと思いたい！

猶予期間
縄文時代、栄養状態などを考えると、女性が出産を始めるのは15、16歳ころ。ということは、例えば恋心が12、13歳で芽生えたとして…あれ、全然遊んでられないじゃん。

縄文人に相談だ――④

お給料は同年代の半分以下、なんだか取り残されているような

日本料理の料理人に弟子入りして5年。やっと少しだけ仕事に慣れてきました。毎日が勉強で、自分自身何かを吸収しているという実感はすごくあります。ただ、働いている時間は普通の会社員の倍なのに、お給料は半分以下。業界によっては僕の3倍、4倍のお給料をもらっている友達もいます。それを思うと、正直言って焦ります。なんだか取り残されているようで……。

（スモール錠、27歳、男）

お給料なんて使ったらなくなっちゃいますよ

スモール錠さん、何を言ってるんですか、全然取り残されたりしてませんよ。よく考えてください、世の中に大切なものがいくつかあるとしたら、「経験」はその中のひとつ。しかも、かなり重要なひとつです。

経験は貝塚のように積み重なり、毎日少しずつ成長していきます。それには絶対に時間が必要なんです。もしスモール錠さんが友達から取り残されていると感じているなら、それは勘違いです。お給料なんて使えば使うほどなくなっちゃいますが、経験は使えば使うほど増えていくんですよ。やばくないですか、経験。

給料
お金のない縄文時代には当然給料はありませんでした。交通費も出ませんし、ボーナスや残業代だって出ません。社会保険もありませんし失業保険だって存在しません。もしこんな条件を現代の求人票に書いたとしたら、たちまち労働基準監督署から指導が入ってしまうでしょう。ブラック時代だって。

職人
分業はわりと新しい概念です。もちろん縄文時代は現代のようにそれほど分業されていませんでした。もちろん土器作りや道具作りの上手い下手はあったはずなのである程度の専門性はあったと思いますが……、この時代はどちらかといえばスペシャリストよりはゼネラリストだったのではないでしょうか。

縄文人に相談だ――⑤

植物をすぐに枯らしてしまいます

私は昔から植物をすぐに枯らしてしまいます。小学校の頃にクラスで一斉に育てたチューリップやヒヤシンスも含め、自分で育てるものは大抵枯れます。枯れないことで有名な小さな観葉サボテンですら、たったのひと月で枯れてしまい、自分の秘めた力におののいたこともあります。

そんな思い出から植物はなるべく育てないようにしていたのですが、先日意を決して「ポリゴナム」という花を一鉢買いました。これは、電柱の下や植え込みの根元などに勝手に自生する、半分雑草みたいな花です。以前から町中でよく見かけていたので、これなら大丈夫だろうとたかをくくってのことでした。私だって、本当は植物を育てることができる優しい女の子だって、どこかでいまだに思っていたのでしょう。

でも、2週間くらい経つとやっぱり枯れてしまいました。茶色く変色した痩せてよじれた葉っぱは、私を責めているようでした。

水やりや肥料などの世話は、かいがいしくも一通りしていたと思うし、何なら初めての子育てくらいの心持ちで対応していたのに、正直何が悪かったのかわかりません。今でも町中で野生のあの花を見かけると、誰の世話にもならずに生き生きと咲いていて、うちより野外のほうが快適なのかと悲しくなります。どうすれば我が家の植物は枯れずに育ってくれるでしょうか。
植物がなつかない女なんてちょっとモテそうもないし、悩んでいます。

（ホリさん、32歳会社員、女）

鉢植えとヒトは対等な関係です。言いにくいのですが、上から目線になっていませんか？

様々な植物（動物も含む）の総体を森として、森と縄文人は約1万年の間、良いお付き合いを続けてきました。

時には頼りになる友人として、時には需要と供給の釣り合った大口で唯一無二の取引先として。時には尊敬し、時には叱ってくれる良い教師として。時には相思相愛の恋人として、対等でイコールな存在として。そしてヒトを見守るカミとして。

最近では著しく評判を下げてしまった「忖度《そんたく》」という言葉があります。「忖度」とは他人の気持ちや考えを推し量るという意味ですが、縄文人は常に森のことを忖度し続けてきました。森は当然しゃべりませんから、森とコミュニケーションを取るためにも、常に森の考えることを慮り、「忖度」し続けてきたのです。

その森と縄文人の関係を、一言で言い表すとしたら「ちょうど良いバラ

ポリゴナム
繰り返すこのポリゴナム、あの衝動はまるで恋だね……。と歌にも歌われているように抜いても抜いても生えてくるポリゴナム。

忖度
2017年は「忖度」という言葉がニュースをにぎわせました。まるで悪者のような扱いをされてしまったこの言葉ですが、本文でも触れたように本来はすごくあたたかい、人間的な言葉です。
もしこの社会に「忖度」がなかったらどれだけギスギスするだろうか……。でももうしばらく使えません。悪いイメージが付いてしまった。勘弁してほしいものだ。

ンス」。やはり長く続けられる関係ってすごくバランスがいいのです。

そこで相談のホリさん。ホリさんと植物の関係ってどうなんでしょう。もしかしたら保護者のような上からの目線で植物と付き合ってはいなかったでしょうか？　「雑草みたいな花だから大丈夫だろう」と言ってみたり、「初めての子育てくらい」と言ってみたり。現代人の悪いクセで、植物を「育ててやっている」という感覚にはなっていないでしょうか。これって本当にバランスのいい関係でしょうか。ちゃんと鉢植えとコミュニケーションがとれていますか。

はっきり言います。その鉢植えとホリさんは対等な関係です。ホリさんは植物に対して「生かすも殺すも私次第」のような気分になっているかもしれませんが、ヒトは自然との付き合いによって生かされている限り、逆にホリさんの生殺与奪権は森にあると言っても良いのです。たかが鉢植えと思うかもしれませんが、鉢植えの背景には森が控えているのです。

鉢植えを尊敬しろ、とは言いませんが、付き合い方を間違えてはいけません。そもそもその鉢植えの植物は勝手に自生する半分雑草みたいな花なわけなのだから、彼（彼女）＝その植物にとっては道路で放っとかれて育つのがちょうどいいバランスなのかもしれませんね。

雑草
「雑草という草はない。草にはすべて名前があります」と昭和天皇はおっしゃったそうです。いわゆる「深イイ話」ですが、確かにもし名前のない草があるとしたら、それは大発見となるのではないでしょうか。ちなみにうちで飼っている猫はただの雑種です。

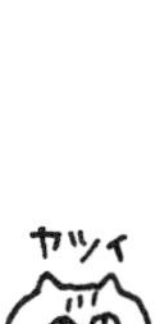

雑草、大丈夫
雑草の専門家（？）によると、雑草だからといって決して強いわけではなく、強いものだけが成長でき残っているだけだということです。

生殺与奪権
他人の生死（比喩としての意味も）を決められる権利、立場。ある種のパワハラである。

縄文人に相談だ――❻

友達のポケモンGO離れがひどい

私は「ポケモンGO」が好きです。リリース直後から現在まで変わらずに楽しんでします。悩みは、当初はあんなにみんな夢中だったのに、最近は周りの友達の「ポケモンGO」離れがひどく、挙句の果てには「えっ、まだしてるの？」と、バカにされる始末。私がおかしいのでしょうか？

（江東区のサトシ、26歳会社員、女）

「稲作」ブームがなかなか終わらない

ブームは去っても、江東区のサトシさんのように「ポケモンGO」を楽しんでいる人はまだいっぱいいるみたいですよ。特に、ポケモンそのものをよく知らず、アプリゲームからポケモンデビューしたくらいの人のほうがハマり続けているみたいです。あれって狩猟採集感がすごくあるので、僕も好きですね。どうぞ友達のことなんか気にせず、気の済むまで楽しんでください。

それにしても、みんな飽きるのが早いですよね。現代では、一気に大きく火がつくとそのブームが終わるのも同じように早くて、サービスの作り手は大変だろうなって思います。そのわりに、縄文時代のすぐ後からはじまった「稲作」ブームはなかなか終わらなかったりして。

おっかしいな、あれこそ一過性の「ブーム」だと思ったのに。

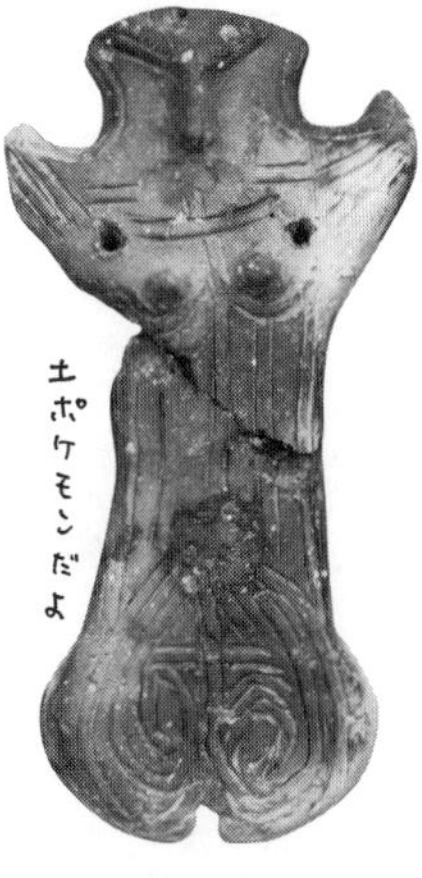

板状土偶

岩手県大館町遺跡、縄文中期

ポケモンGO
日本では2016年の7月にサービスを開始した位置情報を利用したスマホゲーム。世界的に大ヒット、大ブームを巻き起こした。さっそく中国では「城市精霊GO」、韓国では「モンタウォーズGO」というパチモンがGO（リリース）された。

稲作ブーム
縄文時代晩期、朝鮮半島を経由し大陸からやってきた稲作というブームは現在も続いている。いわゆる第一次韓流ブーム。

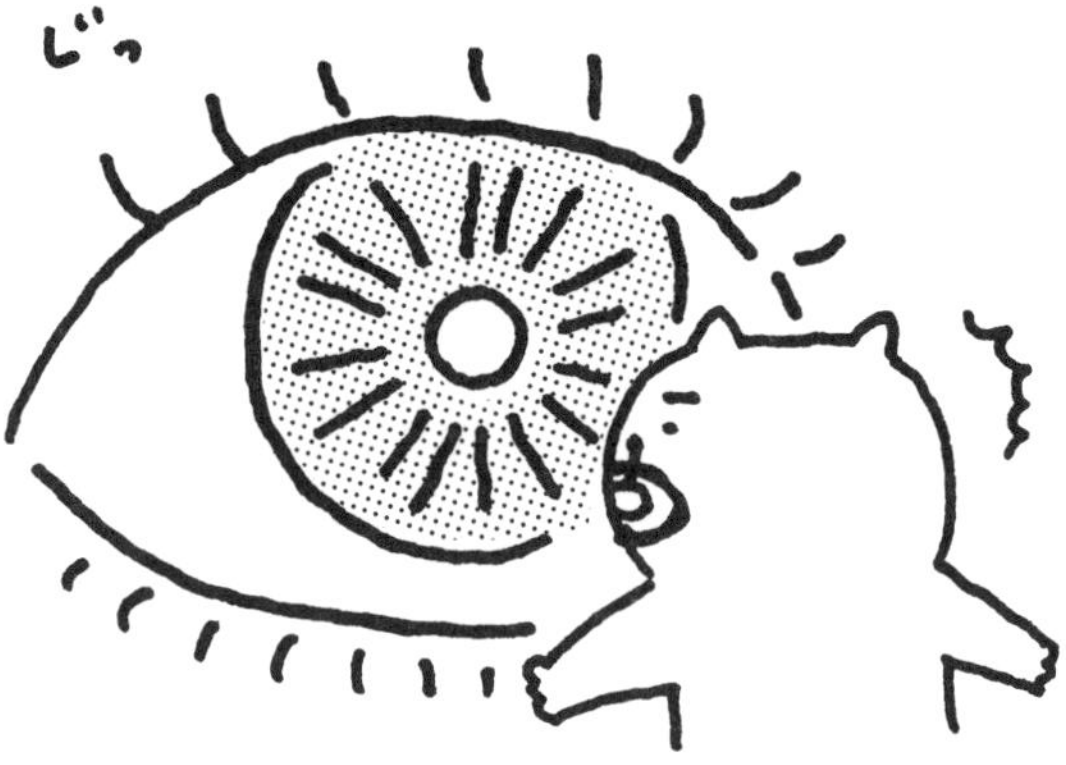

縄文人に相談だ――⑦

この国は監視社会になってしまうのでしょうか

最近の政治の流れが怖いです。犯罪を計画段階から処罰できるようにする「共謀罪」が成立し、「テロ対策」の名の下に、この国はまた一歩監視社会に近づいてしまったように感じます。これからの日本は、いや、世界はどうなってしまうのでしょうか。

（匿名希望）

縄文時代こそ監視社会でした

意外かもしれませんが、縄文時代こそ監視社会でした。生活のすべてを監視されていました。といっても、人に見られているのではなく、見ていたのは「カミ」です。

縄文時代は、身の回りのものすべてにカミが宿っていました。外に出れば森や川や風が、竪穴式住居に入れば部屋の中心にある囲炉裏の「火」が。美しく作られた工芸品や、森の動物にだって見られていました。だからこそ彼らは悪いことができず、法律も警察もない社会が1万年も存続できたんだと思います。

共謀罪で批判されているのは政府による国民の監視、共謀の曖昧な基準だと思いますが、その監視を全部森に委託できたらみんな納得ですよね。

おっとなんだかトンチみたいな回答になっちゃいましたが、確かに嫌な空気が社会を覆っているように感じるのも確か。誰かに見られているって本来はすごく安心できることだったんですけどね。

監視社会

ジョージ・オーウェルの小説『1984年』(ハヤカワ文庫)は監視社会の恐ろしさを描いた小説だ。その世界はビッグ・ブラザーと呼ばれる独裁者によって支配され町中に「ビッグ・ブラザーがあなたを見守っている」とちょび髭のおじさんのポスターが貼られている。どうせならのんちゃんのようなかわいい娘に見守って……おや、こんな時間に誰か訪ねてきたようだ。

竪穴式住居

縄文時代の一般的な住居。地面を数十センチから1メートルほど円形に掘り窪めその上に建てた建物。各地の遺跡の復元竪穴式住居は茅葺きが一般的だが、最近では土屋根の竪穴式住居の復元が注目されている。岩手県の御所野遺跡では土の量まで計算して住居を復元している。

病院に行く勇気がない

正直に言います。最近ちょっと調子が悪いです。しょっちゅうお腹が痛くなるし、なんだか全体的にだるい気もします。でも痛みも動けないほどでもないですし、だるいのも気のせいかもしれません。こんな感じで病院に行ってもお医者さんに怒られるかもしれません。ようするに、病気かもしれないと思いながら、病院に行く勇気がないのです。少しだけ不安なのですが……。縄文時代は病院ってあったんですか？　やっぱ怖いですよね。

（りぼん丸、30歳、女）

森に祈っても、大抵の場合、病気は治りません

近代になって日本人の寿命がぐんと伸びたのは西洋医学のおかげです。たとえば明治時代になるまで、日本人の子どもの命に対する考え方は、「七つまでは神のうち」。つまり、6歳以下の子どもは魂が肉体から離れやすく、神と人間の中間のような存在だとされていました。西洋医学が日本に入ってくるまでは乳幼児の死亡率が高かったから、「神のうち」と言い聞かせることで悲しみを紛らわせていたのではないでしょうか。

はっきり言います。もし病気が心配なのであれば、絶対に病院に行くべきでしょう。西洋医学はほとんどの病気に有効です。森は万能じゃないのです。森に祈っても、大抵の場合、病気は治りません。どんなに一生懸命森に祈っても、大抵の場合、病気は治りません。

えっ、りぼん丸さん、病気が怖いんじゃなくて「たいしたことないのに病院に来やがって！」って、医者に怒られるのが怖いって？　病気だったときは、「こんなになるまでほっといて！」って怒られるのが怖い？。えっ、なんですかそれ？　もう、いいから病院行ってください！

縄文時代の寿命

少し古いデータですが、縄文人の寿命は「15歳まで生きた縄文人の平均余命は16年」となんだかややこしい。それもそのはず、この時代は乳幼児死亡率が圧倒的に高い上に乳幼児の骨はほとんど残っていないのだ。

縄文時代の病気

ワクチンや抗生物質のない時代、彼らは病気に対してほとんどなんの武器も持っていなかったといえるだろう。少しだけ骨からわかっている。癌が骨にまで転移した頭蓋骨が福島県の三貫地（さんがんじ）貝塚で見つかり、北海道の入江貝塚では子供の頃に小児麻痺にかかり寝たきりになりそれでも20歳まで生きた（といわれる）人骨が出ています。同様の事例は他にも何件かありますがちょっと感動的ですね。

縄文人に相談だ——⑨

入社8年目なのですが、実は3年しか働いていません

新卒で入社して8年目なのですが、実はまだ3年しか働いていません。というのも入社半年でできちゃった婚、次の年は産休と育休、復帰したと思ったら今度は2人目ができて1年間のお休み。さらに保育園になかなか預けられず1年、その後職場復帰をしたのですが、2年後に3人目ができたことが判明。どうやら職場ではあの人は「出産が趣味」とか「育休さん」とかあだ名がつけられているみたいなのですが、本当はちゃんと仕事もしたいんです。女性のキャリアと出産って難しいですね。

（育休さん、30歳、女）

縄文時代、5人出産しないと村を維持できなかった

縄文時代は1人の女性が大体5人以上出産しないと村を維持できなかったといいます。それに比べたら3人はまだまだ足りません。出産だって大事な仕事でした。ただ今は現代、職場では変なあだ名をつけられ、復帰したとしても早く帰らないとならないために重要な仕事を任されなかったり……。出産や子育てをしながら仕事のキャリアを築くのはなかなか至難の技と感じていると思います。

でもそんな悩みもここまでです。そろそろ同年代の同僚にも結婚出産の時期がやってきているはずです。経験豊富な育休さんはそれこそ本物の一休さんのように、出産のエキスパートとして相当重宝されるはずです。これから30代、40代と育児も落ち着き、ある程度余裕を持って仕事に取り組むことだってできるでしょう。出遅れを感じたかもしれませんが、20代独身だった同僚たちだって、仕事に打ち込んだのはほんの一部で、大体はハズレくじのような恋愛に相当な時間とコストをかけていたに決まっています。だから大丈夫です。実は出遅れなんてしていないんです。

出産

乳幼児死亡率が高かったのは相談❽の注釈でも解説していますが、ある統計では3割くらいしか大人になれなかったのではといわれています。そう考えると5人という数字でもキツイ……。縄文時代、出産ほど大切なものはなかったかもしれません。土偶のいくつかは出産、妊娠を模しているのではといわれていたり、あからさまな意匠の土器があったり。そういうものがあるってことはそれだけ切実だったんですね。

ハズレくじのような恋愛

なにがハズレでなにがアタリなのかはわかりませんが、少ないからこそ「アタリ」なのではないでしょうか。縁日のくじにはアタリが入っていないようです。

仕事がつまらないです

仕事がつまらないです。毎日毎日同じような単調な作業って感じで、このままこんなことをずっと繰り返して歳をとってしまうんだなと思ったら、なんだか虚しくなります。縄文時代ってきっと毎日が冒険みたいなんだろうな。うらやましいです。

（クマ、33歳、男）

人体文土器

深鉢に描かれたつまらなそうな顔をした人物。右手が輪に魔改造されている。

岩手県けや木の平団地遺跡、
縄文後期

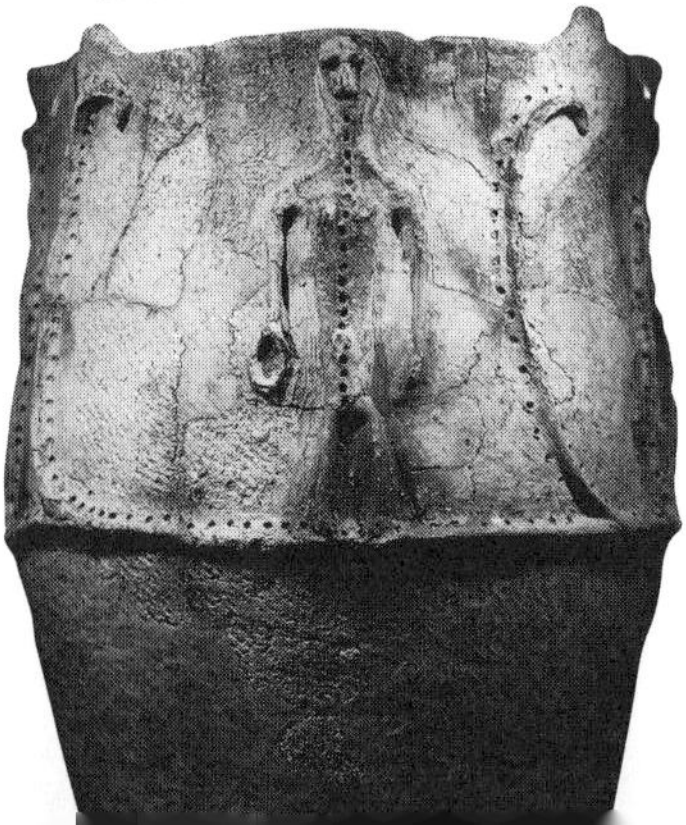

どれ、おじさんに話してごらん

縄文時代のモノ作りって意外と地道ですよ

現在のモノ作りや仕事は縄文時代に比べて極端に分業化されているので、もしかしたらモノ作りの楽しさは希薄になってしまったかもしれませんね。
でもよく考えてください。そこまで分業化されていなかったとはいえ、縄文時代のモノ作りって意外と地道なんですよ。原材料の調達から道具作りまで、何もかもワンストップでやっていたんですから。たとえば、ロープ作り。カラムシという草から作られたといわれていますが、なかなか手順がめんどくさく、１本作るのにかなりの時間がかかります。徒歩数分のコンビニで数百円で買えるものと同じようなロープを作ろうとしたら、いったい何日かかることでしょう。彼らの人生の決して少なくない割合の時間は、単調なモノ作りに捧げられていたんだと思います。
だからといって、つまらない仕事を続ける必要はありません。何しろ現代には「転職」という縄文時代にはなかった裏技があります。転職って、クマさんが憧れる「冒険」の現代版だと思いますよ。

モノ作り
出来の良い既製品を買うのと比べて、手作りの何が楽しいかというと、モノを作るという過程を楽しめることに他ならないだろう。それはちょっとした子育てに似て、モノの成長やストーリーを楽しむことができるからだ。逆にいうと既製品がいつもちょっとだけ物足りないのはそういう理由があるからかも知れない。

カラムシ
丈夫な繊維がとれる植物。縄文時代から現在まで使われている。ただ繊維をとる工程は結構面倒臭い。

裏技
裏技、裏道、裏メニュー。裏がつくものにはいつも妙な魅力を感じてしまう。しかも隠されれば隠されるほど魅力的になるから不思議だ。とはいえ大抵「表」の方が「良い」場合の方が多いのも事実だ。

縄文さんに相談だ――⑪

ハイヒールのダメージ。なんとかなりませんか？

わたしは仕事柄、ヒールのある靴をはくことが多いのですが、長時間歩いたり立ったりしていると、翌日のダメージがキツいです。何か良い対策やリカバリー方法はありますか？

（菊地優、フリーアナウンサー、女）

ハイヒールは再生の象徴、はくより祈りましょう

縄文時代の靴事情はよくわかっていませんので、ハイヒールについて何かいえることはないのですが、もしかしたらこのような異形で異質な装身具は何かの祈りの場面で使われていたかもしれませんね。縄文時代には現代の解釈ではよくわからないモノがたくさんありますし。

著名な精神科医のフロイトはこう言いました。「女性のハイヒールは男性器の象徴である」。縄文時代の男性器の象徴といえば、もちろん石棒。そしてこの石棒、及び石棒的なものは、各国の民俗事例を見ても、子宝や再生のための祈りの道具とされています。そう、ハイヒールは再生の象徴なのです。だから、はくなんてもってのほか。祈りの道具なのですから、さあ祈りましょう。こう考えていくと、ハイヒールで踏まれたがる男性がいるのもなんとなく理由がわかりますね。

フロイト

精神分析の世界では先駆者であり代表的な人物。無意識の研究は現代の文化と思想にも大きな影響を与えた。ただ、なんでも性的なもののメタファーとしてしまうその診断に一番の弟子も彼の元を去ってしまった。

ハイヒール

フロイトさんのいうことは置いておいて、ハイヒールは世のチビを救ってきました。しかし、ハイヒールをはくことにより下り坂や階段は凶器となり転げ落ちる者を待ち構えることに。チビ危うし。

石棒のある風景

北沢大石棒◎長野県南佐久郡佐久穂町高野町

石棒とは石で作られ、男性器を模した祈りの道具である。しかしそのユニークかつ性的な魅力あふれる造形から、随分と好奇な目で見られ、祈りの道具であるはずなのに「下ネタ」あつかいされることだって少なくなかった（事実著者自身もそうだ。ついニヤニヤしながら大きいだとか立派だとか硬いだとか言ってしまっている）。

縄文時代といえば、と聞かれたらたいていの人は「土偶」、あるいは「縄文土器」と答えるでしょう。その次は多分……「貝塚」、「竪穴式住居」。それから「黒曜石」、「狩り」、「どんぐり」。

石棒は悩んでいる。オレはもっと重要なはずだ。

縄文人に相談だ――⑫

お金がなかなかたまりません

貯金がまったくできません。特に無駄遣いをしているわけではないのですが、気がつくと給料日前には財布の中には小銭だけという状況です。料理はまったくできないので自炊は無理ですし、趣味のバイクもやめられませんが、少しは貯金がないと不安です。どうしたら貯金ができるでしょうか？

（クリロナ、28歳会社員、男）

お金ってなんですか？
どんぐりのこと……ですか？

縄文時代にはお金がありませんでした。だからといって、どんぐりが貨幣のかわりをしていたわけではなく、そもそも「お金」という概念がなかったのです。

現代は商品に値段がつけられ、財布やクレジットカードでそれ相当の金額を払い、商品を受け取っていますが、縄文時代にはモノを贈り合うことで、足りないモノや必要なモノを補ったり交換したりしていたようです。

「お金がない」という世界は現代人には想像しにくいかもしれませんが、日本が貨幣経済にちゃんと移行したのってつい最近なんです。それが、最近ではお金でお金を買ったり、ずいぶんおかしなことになっていますよね。1万年続いた縄文時代の経済と、千数百年そこそこで、ありえないほどの不均衡を作り出した現在の経済、どちらが優れたシステムなのか、マジでそろそろ考えたほうがいいんじゃないでしょうか。で、相談はなんでしたっけ、貯金？　貯金ってなんですか？

貨幣
詳しくは47ページ。

仮想通貨
簡単にいうと、国が発行していない、ネット上の通貨。手で触れる紙幣や硬貨はないんです。ビットコインが有名ですが、マイナーなものも含めると仮想通貨は現在600種類以上あるとか。

仕組みはかなり複雑なので割愛しますが、なぜか僕らにも耳なじみの良い言葉も出て来ます。「マイニング」＝採掘、発掘、です。これは、仮想通貨の暗号化や取引履歴の記録をお手伝い、その報酬として仮想通貨を手に入れることをいいます。それが金脈の発掘にも似ているということで、マイニング。とはいえ、マイニングをしているのは、超高性能なコンピュータを所有している企業や、一部のコンピュータマニアだけなので、普通は発掘する必要はありません。

縄文人に相談だ――⑬

妹が子どもにキラキラネームをつける気です

恥ずかしい話ですが、妹が子どもにキラキラネームをつけるといって聞きません。彼女の出してきた名前は「帽伊」、読み方は「ボーイ」。先日亡くなったミュージシャンのデビッド・ボウイにちなんでいるらしいのですが……。でも、彼女の苗字は「鈴木」ですよ。全然合わないし、子どもの将来も心配です。いい大人になっても「ボーイ」だなんて。

（田中ジョージ、37歳、男）

キラキラネームって個性的じゃないですか

キラキラしてて最高じゃん。とはいいませんが、キラキラネームってそんなに悪いものでもないんじゃないでしょうか。

少なくとも、子どもの生まれたその時代の「人気の名前」をつけちゃって、クラスのいたるところに「翔《しょう》」くんが存在したりするより、よっぽどいいように思えます。縄文時代にどんな名前がつけられていたのかはわかりませんが、なるべくなら誰ともかぶらない名前を、とよく考えてつけたはずです。それにきっと、デビット・ボウイのファンである妹さんにとって「ボーイ」は幸運の言葉、幸運の印です。なんだかいいこと起こりそうじゃないですか。

それに、もしその子が大きくなって「ボーイ」が嫌だったら変えればいいんですよ。織田信長は長男に「奇妙丸」なんて幼名をつけましたが、のちに「信忠」という真っ当な名前をつけて事なきを得ています。死ぬまで一つの名前で通す必要も本当はあんまりないんじゃないですか？

キラキラネーム
名前は、親が最初に子どもに贈るプレゼント。ということは親のセンスがこれほど試されるものはないでしょうか。とはいえキラキラと良い名前の境界なんて誰にも決められないのでは？ とも。

デビット・ボウイ
宇宙人。

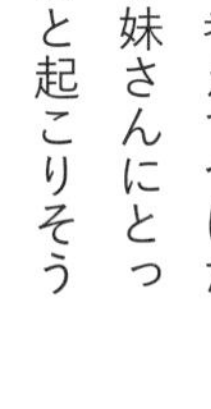

改名
現在の日本では戸籍上での改名には正当な理由といくつかの手続きがある。ちなみに作家の妹尾河童さんはペンネームをそのまま正式名と改名した。

縄文人に相談だ――⑭

怒らないとナメられます

私はやさしい上司だと思います。さらにいうと女性でリボンとピンクが好きで童顔で背も小さく声もアニメ声なので、威厳みたいなものがゼロなのです。何人かいる部下はほとんどが男性で私より背が高く数人は年上です。悩みはそんな部下が仕事上で重大なミスをしたり、見当違いの作業をいつまでもしているのをみても、やんわりとしかいえないことです。本当ならばはっきり怒った方が、そのミスの重要度がわかるし会社のためにも本人のためにもなるのはわかっているのですがとにかく怒るのが苦手なのです。

（リ・ボーン、33歳編集、女）

リ・ボーンさんの仕事もいつかは国宝

何人も人を指揮するのって難しいですよね。特にリ・ボーンさんは身体的な威厳がまるでなさそうなのでなおさら大変でしょうね。

怒るのが苦手だというのはよく分かります。僕もすぐ怒る人は嫌いです。しかし考えてみればリ・ボーンの立場では怒るというのは一つの特権であり義務。良いモノを作ることや良い仕事をするということには、必ず厳しい目が必要になります。たとえば縄文時代を代表する新潟県の土器、火焔型土器。この土器は約500年間（縄文時代にしては短い期間）、この地域で作られ続けていたのですが、出土する火焔型土器全ての出来が良く、出土している中に失敗作が一つもないといわれています。これは一人の造形的に優れた縄文人の「作品」ではなく、この地域一帯が、この時期この期間は高いレベルを保っていたということになります。

このような仕事には厳しいリーダーが必要なのは現代人から見ても明らかなことだと思いますが、あまり貧富の差や階級のヒエラルキーがなかった縄文時代、得意不得意が顕著に出やすい土器作りで後世で国宝に指定さ

身体的威厳
『地球最後の男』（ハヤカワ文庫）の作者、リチャード・マシスンは小説『縮みゆく男』（扶桑社ミステリー）で、父親の威厳というものは単なる身体的な差に起因すると看破している。それがすべてとは思わないが、「それも理由の一つ」なのは確かで、大人になってもその影響は心のどこかに残っている。

火焔型土器
新潟県の信濃川流域を中心にした土器型式。テンデイズタウンこと十日町市の笹山遺跡出土の火焔型土器群が国宝に指定され、現在、縄文土器の中ではもっとも存在感がある。遺跡名、地名がつくことの多い縄文土器の中で火焔という「印象」を名称とすることも特別感がある。183ページ参照。

れるような素晴らしい土器たちを作り続けるのって、今以上に相当なリーダーシップが必要になっていたことでしょう。

リ・ボーンさんも縄文人に負けてはいられません。怒る必要はありませんが厳しくするところはしっかりと厳しく。良いモノを作り続けていればいずれ尊敬は付いてきますよ。もしかしたらリ・ボーンさんの仕事もいつかは国宝に認定されるかもしれませんね！

国宝 火焔型土器

国宝指定は有名な火焔型土器を含む928点の出土品で構成されている。（新潟県笹山遺跡、縄文中期、十日町市博物館）写真は火焔型土器No.1、その造形の見事さでとりわけ異彩を放っている。

火焔型土器を見るなら十日町市博物館の他に、津南町の「なじょもん」や「津南町歴史民俗資料館」。長岡市の「馬高縄文館」がおすすめだ。

お金

縄文時代になかったもの

コラム——1

　縄文時代は現代にあるさまざまな「概念」がなかった時代。たとえば「お金」。たとえば「文字」。他にもたくさんの現代では当たり前の概念がこの時代にはありませんでした。このコラムでは、縄文時代にはなかったけれど今では常識の概念たちをいくつか紹介していきます。

＊

まず最初の常識は「お金」。かつて、中国で宝貝を貨幣の代わりにしたのがお金のはじまりだといわれます。日本のお金のはじまりは、飛鳥時代の「和同開珎」などとされていますが、一般的に流通するのはもう少しあとのこと。実際には、古代から江戸時代まで主にお米が貨幣の代わりを担っていました。税金だって、明治初期に地租改正によって廃絶されるまではお米だったんです。もう、その点だけ見ても縄文時代とは相性が悪い！　完全に蚊帳の外。

　縄文時代は、お金の流通はありませんでしたが、物々交換や贈与という行為を考えると、「お金」ではなく「尊敬」や「好意」、「連帯」などをやりとりしていたのではないでしょうか。お金を介さないモノのやりとりは、人と人との結びつきを強くしていたんです。

縄文人に相談だ――⑮

私は夏が嫌いです。縄文人さんは？

私は夏が嫌いです。夏は暑いし日差しも強いし、彼氏は生乾きの雑巾のような匂いがしてくるし、いいことなんてありません。縄文人さんはどの季節が嫌いですか？　やっぱり冬ですか？　冬は寒いし外でやれることも少ないですしね。

（夏の彼氏は足が早い、23歳、女）

季節に好きも嫌いも……。強いていえば……夏ですかね

意外かもしれないのですが、縄文人、冬が嫌いじゃないです。なぜなら冬は狩りの季節。獲物たちの体毛は冬毛で暖かい良い毛皮がとれるし、肉も脂肪が乗っていてなかなかいい感じだからです。とはいえ、雪が溶ける春は全然ウェルカムだし、秋は実りの秋、木の実が拾い放題で嫌いになるわけがありません。

じつは、縄文時代の夏は結構キツかったんです。まだ積極的にスイカやきゅうりを育てていなかったから、あんまり食べ物がなかったようです。

季節に好きも嫌いもないのですが、強いていえば夏が苦手です。

とはいえ、何でもかんでも「好き」と「嫌い」の二元論的な考えはやめたほうがいいんじゃないですか？　周りに「好きだけど嫌いな人」とかいませんか？

あれ、全然悩みじゃなくないですか？　もう、貝塚に送りますよ！

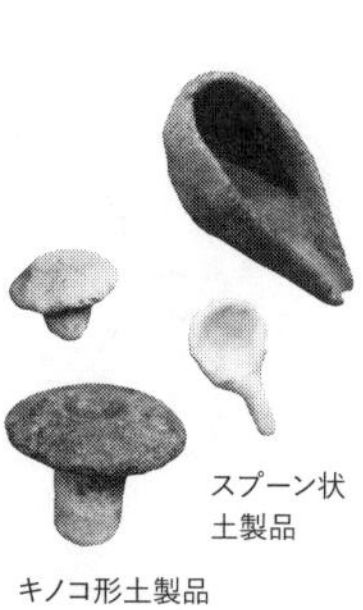

スプーン状土製品

キノコ形土製品

縄文時代の食事情

縄文人は季節に合わせていろいろなものを食べていた。そのバリエーションは小林達雄提唱の縄文カレンダーを見てほしい。縄文時代の概説本には結構な確率で掲載されているし、ググれば出てくる。肉ばっかり食べてはいないしどんぐりばかりでもないのだ。

スイカ、きゅうり

スイカもきゅうりも縄文時代にはなかったようだ。実は現代の日本で栽培・自生している農作物は縄文人から見るとかなりのものが外来種だ。

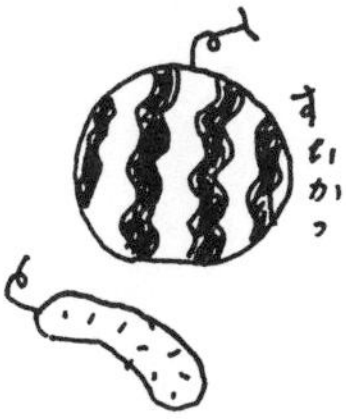

縄文人に相談だ――⑯

ユッキーナに憧れている私。素直に羨ましいといえません

心の何処かでユッキーナに憧れています。別に彼女のことを否定する気持ちもないのですが、なぜかモヤモヤして素直に羨ましいといえません。この気持ち、なんなんでしょう。もっと素直になりたいです。

（しまおまほ、漫画家・エッセイスト、女）

弥生に憧れている縄文人。素直に稲作できません

心の何処かで弥生人に憧れています。それなのに素直に稲作することができません。――なんてことを縄文人も思っていたかもしれません。

だから、そんなふうに思ってしまうしまおさんの気持ち、すごくよくわかります。縄文人は弥生文化に対して、新しいものとしての「憧れ」や「羨望」を持ちながら、自分たちの文化とのあまりの違いにそれを理解することができず、「否定」や「嫌悪」の気持ちも持っていたことでしょう。素直に弥生文化を受け入れることは、自分たちの文化の否定にもつながるからです。それは縄文文化の衰退も意味します。事実、弥生人と融合して稲作をはじめる「弥生時代の構成員になるグループ」と、逆に「頑なに縄文生活を貫くグループ」に彼らはわかれてしまったようです。

さて、ユッキーナへの憧れですが、そういう点では大丈夫です。しまおさんはユッキーナにはなれません。いくら素直に憧れても、ユッキーナ化して「しまお」が滅びることはありません。大丈夫です。

だから、安心して「羨ましい」と言ってみてもいいんですよ。

ユッキーナ
タレント木下優樹菜の愛称。ファッションモデル、バラエティタレント、元ヤンキー、ママタレ、ヘキサゴン、チョリース、旦那はフジモン。キーワードを並べて見たら全部カタカナだった。

しまおまほ
漫画家、エッセイスト。デビュー作は『女子高生ゴリコ』。両親は写真家の島尾伸三と潮田登久子、祖父母は作家の島尾敏雄・島尾ミホ。

縄文人に相談だ――⑰

規則正しいちゃんとした生活がしたい

職業柄もあるんですが、ここ何年も不規則な生活を続けています。仕事なのでしょうがないとはいえ、本音をいうと、せめて電車のある時間に帰りたいし、朝昼晩と決まった時間に3食ご飯を食べられるような生活をしたいのです。縄文人さん、私は一体どうしたらいいでしょうか?

(月永、32歳編集者、女)

現代人よ、夜をなめるな！

不規則な生活に陥りやすい、その理由ははっきりしています。現代人が夜の恐怖を克服してしまったからです。

「苦手」や「怖い」ものをなんでも克服しようとするのは、現代人の悪いクセ。そのせいで本来克服すべきでない「夜」までも乗り越えてしまいました。

エジソンが電気を発明し、松明《たいまつ》の灯りから、あっという間に便利なお店が24時間営業し続ける時代になりました。「夜」は暗くて怖くて危険なものから、昼間と変わらない生活の時間となってしまったのです。総じて、眠りにつく時間はどんどん遅くなり、起きる時間も同じようにずれていきました。完全に昼夜が逆転している人だって、今ではたいして珍しくありません。

でも、よく考えてみてください。僕たちを取り巻く世界は、縄文時代も現代もほとんど変わりません。毎日決まった時間に朝が来て、太陽が昇り昼になる。やがて夕方がきて夜になり、そしてまたいつものように朝がはじまる。「昨日は普通に朝があったけど、今日は朝が来なくていきなり夕

編集者

夜遅くまで稼働している職業の代表が編集者ではないでしょうか。ただその実態は「朝が遅い」だけというのに気づいている編集者が何人いるか……。

夜を乗り越える

作家、又吉直樹の新書のタイトルではないですが、乗り越え難い夜があるのも事実。しかしどんな夜にも朝が必ずやってくることも事実。なんとかなるって。あれ、そんな話じゃない？

方からはじまった」なんてことはないんです。

縄文時代の夜の森では、昼間は息を潜めていた動物たちがぞろぞろ出てくるせいで、夜、目がきかないヒトは、行動が大きく制限されました。狩りの帰り道、暗くなる空の恐怖感ったらなかった！　この恐怖、現代でも登山をする人には少しわかるはずです。

もう一ついえるのは、行動が制限される夜に縄文人は別の意味を考えていたのではないでしょうか。それは「再生」。新しい朝を迎えるために夜は大切な時間でした。

僕は声を大にしていいたい。現代人よ、夜をなめるな！　月永さんも、しばらく電気のないムラに行って（世界中探せばまだまだあります）、夜が怖いことを思い出してください。

夜ははやく ねます

土偶

山梨県石堂B遺跡、縄文中期

夜の木

インドの出版社、タラブックスの傑作絵本。すべてがハンドメイドで作られ工芸品としても美しい。中央インド、ゴンド民族の夜の木の神話をモチーフにした絵本。読むとなぜか懐かしい。

肌のゴールデンタイム

という時間帯があり、長らく22時から2時がその時間だといわれていましたが、最近では何時に寝ても眠ってから3時間が大切となっています。これも昔の人と現代人の生活リズムがいかに変わってしまったかの証明といってもいいでしょう。

文字

縄文時代になかったもの

コラム——2

文字の先生はもちろん中国。日本の文字はすべて中国からの借り物です。

「漢＝中国」字、かつての日本では漢字のことを「真名＝真の名（名とは文字のこと）」と呼び、ひらがなのことを「仮名＝仮の名」と読んでいたことからも、それがよくわかります。

文字は大きな発明でした。文字のおかげで伝達や記録が飛躍的に発展したことには、なんの異論もありません。でも、それによって失ったものも少なくないのではないでしょうか。

縄文時代に文字はありませんでした。でも、文字がなかった時代こそ言葉の文化の時代でした。話者の表情や声質、アクセント。すべてが一体となり言葉を構成し、多彩な言葉たちは時に歌となり、時に物語となり、時に詩となり。人と人とをつなげ、さらにそれぞれが媒介者となって、緩やかな連帯が築かれました。文字は、その言葉の文化の少なくない部分を肩代わりしているわけですから、言葉にとっては大きな「崩壊」だったのではないでしょうか。それは現代の「若者の日本語の乱れ」なんかとは比較にならないくらいの激変だったと思います。

あと、そらで覚えることが格段に減ったわけですから、現代人は記憶力も相当悪くなったかもしれませんよ。

縄文人に相談だ――⑱

暇です。めちゃくちゃ暇です

暇です。めちゃくちゃ暇です。バイトは先月で辞めちゃったし、大学もしばらくお休みで、この1週間なんの予定もありません。遊びに行くにも財布の中身が慢性的に寂しい状態なのでどこにも行けません。時間は誰にとっても平等で、決してお金には変えられないといいますが、売れるものなら売りたいくらいです。なんとかなりませんかね？

（もも、20歳大学生、男）

「暇」こそが人類の叡智の到達点

暇ってすごいことですよね。縄文時代に定住をはじめて、人生の時間の大半を占めていた移動をやめて以来、ヒトは暇を作るために新しい道具やそれを使った「効率化」を追い求めてきました。ということは、今のももさんのそのどうしようもない「暇」こそが、人類の叡智の現在の到達点といってもいいでしょう。「暇」は無駄な時間なんかじゃありません、「暇つぶし」なんて最高の贅沢です。いいなぁ、うらやましい。最先端！

余談ですが、暇つぶしには、石を探しに行くのがおすすめですよ。自分の足で歩けばお金はかからないし、宝探しみたいで楽しいですよ、ももさんにもぴったりです。

時間は売れない

最近では自分の時間すら切り売りできるサイトまででき始めている。非常に貧乏くさい話だ。

石探し

『銀河鉄道の夜』の宮沢賢治も石好きの「石っこ」だったことは有名だが、一般的には「石」は最後の趣味といわれている。石が好きになったらもう「あがり」である。

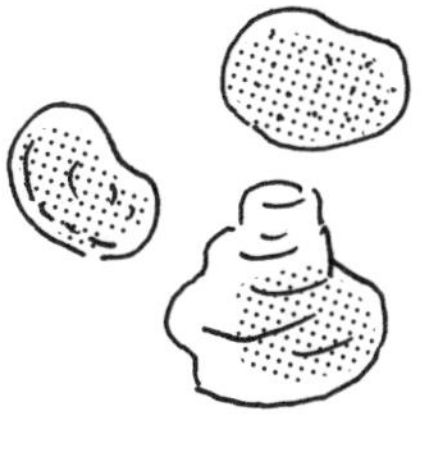

縄文人に相談だ――⑲

忙しいです。めちゃくちゃ忙しいです

忙しいです。めちゃくちゃ忙しいです。最近仕事で役職について、部下もできて、平社員のときに比べてやることが急増しました。その上、家のことや、友達と遊びに行く計画やら詰め込んだせいで昼飯を食べるヒマもないし、睡眠時間もヤバいくらい少なくなっています。今はハイテンションで頑張れているんですが、そのうちガクって来そうで怖くて仕方がありません。僕、大丈夫でしょうか？

（レットブル、29歳サラリーマン、男）

縄文時代は4時間しか働いていなかったんですよ

あれ？　おっかしいな。現代っていろんな便利なものが発明されて、人間のやることをサポートしたり肩代わりしたりしているんですよね。それでなんでそんなに忙しいんですか？　縄文時代、一説には一日4時間くらいしか働いていなかったらしいのですが、便利になった現代に寝る時間がなくなるとはこれいかに。⑱の相談をいきなりひっくり返すようで申し訳ないのですが、もしかしたら旧石器時代から現代まで追い求めてきた「効率化」ってたいして効率的でもなく、便利さだってたいしたことなかったんじゃないですか？

レットブルさん、多分大丈夫じゃありません。そんなの絶対長続きしません。いいですか、縄文時代は4時間でよかったんですよ。4時間で。

羽付き人体文付き土器片

触覚のような羽飾りを着けているようだ。土偶ではなく土器片。

岩手県御所野遺跡出土、縄文中期後半

一日4時間

もちろん縄文時代の労働時間はわからないので、世界の狩猟採集民の一日の労働時間を参考にしています。でも正直この統計怪しいというか、女性はもう少し忙しかったんじゃないかと……。

効率化

効率化の名の下に技術革新が行われ、現代に至るわけですが、結局はやることが複雑になっただけなのかもしれません。

縄文人に相談だ――⑳

上司の悪口を間違えて本人に送ってしまいました

メールで上司の悪口を間違えて本人に送ってしまいました。すぐに謝りのメールをその上司に送ったのですが、返信は未だに来ません。明日会社に行くのが辛いです。もう、このまま会社やめちゃおうかしら。

（誤爆、28歳、女）

メール以前に
そもそも文字がありません

悪口メールの誤送信、やっちまいましたね。これこそ現代で本当に気をつけなければならないことのひとつですね。まさに悲劇です。シェイクスピアが現代に生きていたら、このことをテーマに戯曲を書いていたかもしれませんね。

誤送信は送った方も送られた方も、完全にLOSE-LOSEの関係になりますし、事後の対応を間違えるとさらに傷が深くなったりも。

メールはとにかく手軽で、タイムラグなく相手にメッセージを送れるメリットがありますが、そのせいでこんな悲劇が頻発してしまうなんて。

縄文時代には、メールの前にそもそも文字がありませんから、そんなこととは無縁でした。メッセージを伝えるときはちゃんと言葉で。たまに人違いくらいはしますけど。あれ、人違いって、メールの誤送信とたいして変わらない？

メールの誤送信

僕自身も実は何度かメールの誤送信で大変失礼をしてしまったことがある。そしてたいていの場合「送信」ボタンを押した直後に気づくので、意味もなくPCの頭上の空間をかき混ぜたりしてしまう。そんなことより素直かつ迅速に謝るのが一番だろう。

シェイクスピア

イングランドの劇作家、詩人。代表作に四大悲劇「ハムレット」、「マクベス」、「オセロ」、「リア王」がある。

ゴミ
縄文時代になかったもの

コラム――3

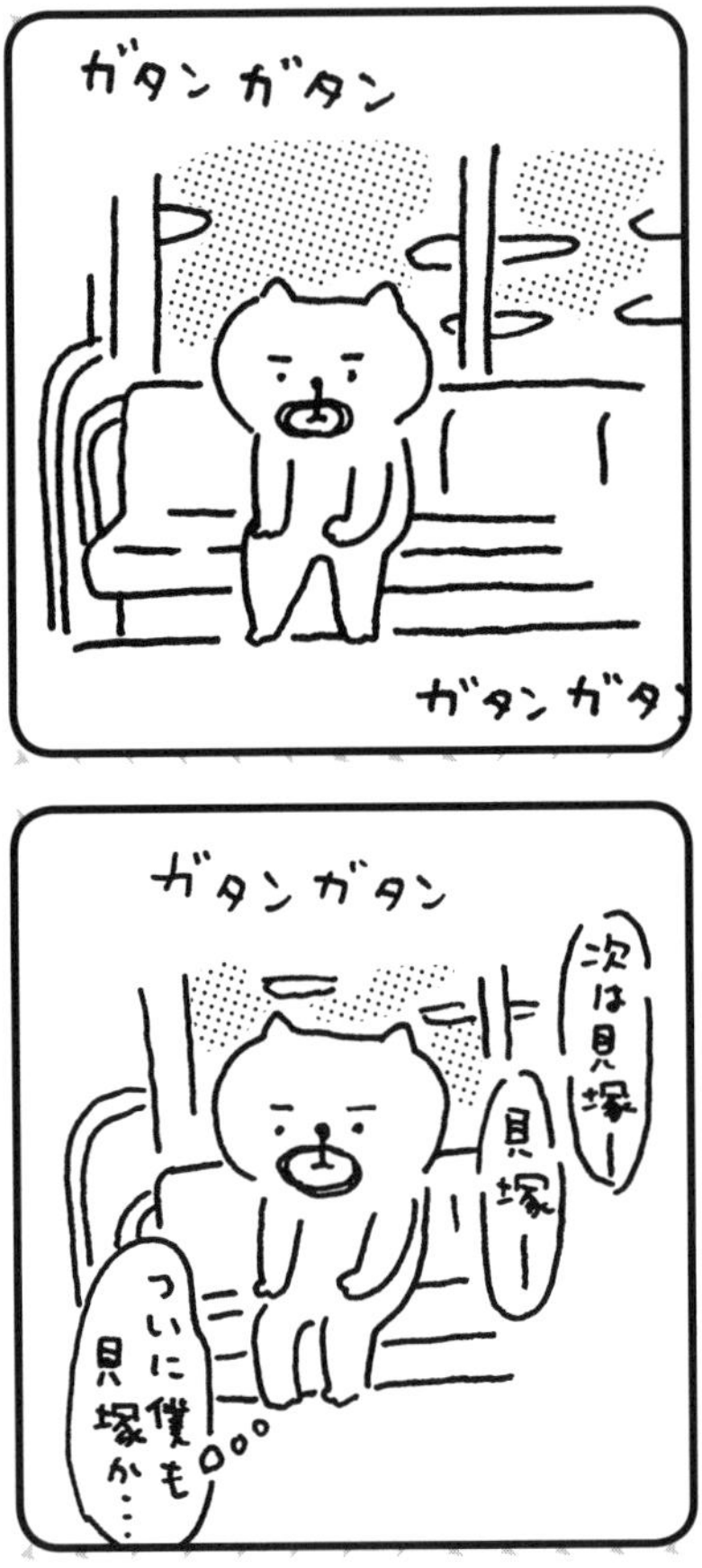

縄 縄文時代にはすでに「ゴミ・ゼロ・エミッション」を実現してました。

ここまで読んでくださった賢明な読者ならもうおわかりかもしれませんが、縄文時代にはそもそもゴミという概念がなかったのです。

縄文時代に「送り」という儀式があったことは、すでに冒頭で簡単に解説（相談❶）していますが、「すべてのものは森や自然、カミの世界からヒトのムラにやって来て、その役割が終わればまた森に帰っていく。そしてまた新たにヒトのムラにやってくる」という完璧な「環」の考え方でした。そこには、カミの世界に送られるものがあっても、「ゴミ」というレッテルを貼られるものは存在しません。シンプルですが、原始的だとバカにはできません。このことは理論的にも実際的にも完璧で破綻がありません。だからこそ、縄文文化は1万年もの間、続けられたのではないでしょうか。縄文人は、完全なサスティナブルをすでに実践していたんですね。

それに比べて現代人ときたら、役割を終えていないものを厄介払いするかのように捨てたり、循環しようのないものを作ってにっちもさっちもいかなくなったり……、これ以上は言いませんが、どっちが「アレ」なんでしょうか。

今会いに行ける土偶

板状土偶

4つのストーンサークルを持つ伊勢堂岱遺跡出土。他にもたくさんの土偶の欠片が見つかったが完全な形に復元できたのはこの一体のみ。この土偶を見るとなぜか囲碁か将棋を打ちたくなってくる。

秋田県伊勢堂岱遺跡、縄文後期前葉

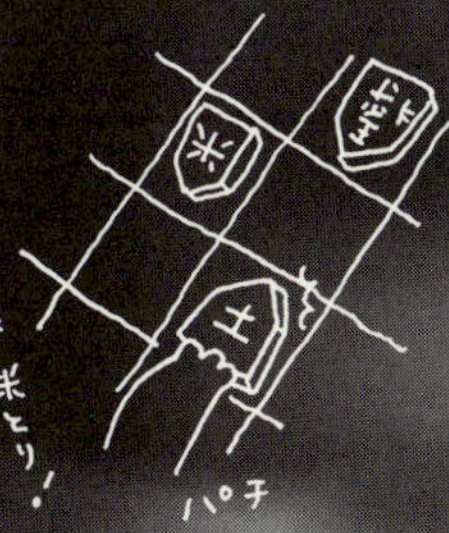

女子なのに女友達がいません

私は女子なのに女友達がいません。それはもう小学生の高学年くらいから女友達ができません。ちょうどみんなが男子を意識しはじめた頃からです。彼氏はいますし、男友達もたくさんいるのですが、どうしても女友達だけができません。

（ポンチ、28歳、女）

重要なのは子孫繁栄だから大丈夫

なんででしょうね。

といってみましたが、なんとなく理由はわかる気がします。そういうタイプの女性っているんですよね。ポンチさんはあまり意識していないと思うのですが、ポンチさんの態度はきっと、同性から見ると異性に媚びているように見えてしまうんです。男性からまあまあモテて、そしてすごく女性らしいんでしょう。こと恋愛に関しては女性の中に敵を見出す女性はけっこういますから。

でも、大丈夫です。❸の相談でも同じようなことを言いましたが、縄文時代、何より重要なのは子孫繁栄です。女友達と仲良くして子孫繁栄しますか？　しませんよね。男と仲良くできれば子孫繁栄間違いなし。女友達なんかいなくても、そういう点では問題なしです。

じゃあこの相談も貝塚に送っておきますね。

子孫繁栄

動植物にかぎらずすべての生物の究極の目的は子孫繁栄である。と誰が言ったか忘れましたが、現実はもう少し複雑である。縄文時代は人が増えないとムラを維持できないのでもう少し切実である。

裕木奈江

90年代に活躍したアイドル、女優。しかし、ドラマでの役の印象のせいで世の女性からいわれもないバッシングを受けてしまう。世の女性の印象だけの「ぶりっ子」批判は大変みにくかった。時を経て渡米した裕木奈江はデビット・リンチ監督にキャスティングされ、あの『ツインピークス』の続編に出演しているわけだからまさに快哉である。

縄文人に相談だ——22

彼氏が厳しすぎます

同棲している彼氏に関する相談です。私の彼、厳しすぎるのです。朝ごはんはちゃんと食べるべきだとか、定期的に運動をするべきだとか、食べるものにも気を使うべきだとか、お酒の量を減らすべきだとか……。全部正しいので反論がまったくできないのですが、この通りに生活したら私が私じゃなくなりそうで……。

（だらしなし子、24歳編集、女）

土器様式だって融合、影響しあうんです

きっとその彼、自身も折り目正しく生きているんでしょうね。自分の中に、なんでも「こうすべき」という規範のようなものがあるのを感じます。

でもですね、だらしなし子さんも気がついていると思うのですが、彼のことを好きでいたいなら、絶対に全部彼の言うことを聞いたらいけません。頑張って全部言うとおりにしたら、いつかは彼のことが嫌いになっちゃうはずです。たとえ正しいことだったとしても。

縄文時代にも、違う文化圏が合わさったムラがありました。時間をかけて別々の土器文化が融合して、ハイブリッドな土器文様ができたり、近くの別の文化圏同士で影響しあったり。同じ時代の同じ集落で別の型式の土器が同じくらい使われたりした例もあります。きっと、お互いの文化を尊重してうまくすり合わせていたんじゃないでしょうか。

彼の「正しい人文化圏」とだらしなし子さんの「だらしない文化圏」。合わせたらどんな文化圏ができあがるのか、興味深いですね。

土器様式

加曽利E式や勝坂式、大洞式など各地の土器のスタイルのことを土器様式と呼ぶ。一つの様式の中でもかなり細分化されていくのだけど、ここでそれを解説する気はない。なぜならめちゃ難しいからだ！

土器文化圏

縄文時代もいくつかの文化圏に別れていた。その範囲は土器の様式の分布で推測できる。もちろん文化圏の中でも地域の違いで土器文様にも差異があるのだが、融合すると土器の文様もまた融合する。別の文化圏同士が融合することもある。そうやって長い時間をかけて縄文時代の土器様式は変化していったのだ。『縄文ZINE』では土器文化圏とカップ焼そば文化圏の知られざる類似性を記事にしたことがある。6号。

毎回泥酔してしまいます

お酒が大好きです。お酒の席も大好きです。問題なのは、どうしても毎回毎回泥酔してしまうこと。飲みはじめてきっかり3時間半で記憶をなくします。それまではすごく楽しくお酒を楽しめていると思うのですが……。なぜ私はちょうど良いところでお酒を止められないのでしょうか。

（飲み過ぎジョニ子、25歳、女）

お酒の席は夜の森と同じ。判断を間違えると危険です

ある狩りの日。その日はなかなか獲物を仕留められず日没が迫ってきてしまった。できればムラで待っているあの子にウサギでもムササビでも美味しい肉を持って帰りたい。さっきから獲物が現れる予感もする。しかし、夜になったらムラまで帰るのもままならなくなってしまう。もう少しだけ獲物が現れるのを待つか、暗くなる前にムラに帰るか……。

⑰の相談でも夜の危険性を警告しましたが、縄文人ならきっとこんな場面、判断を間違えずにムラに帰ることを選択するでしょう。森の中で夜を迎えれば、下手したら命の危険にもつながるからです。

飲み過ぎジョニ子さん、そういうことです。さあ、きっかり3時間でムラに帰りましょう。お酒の席は夜の森と同じです。帰りどきの判断を間違えてはいけません。

泥酔

日本一おもしろい番組だった『さんまのスーパーからくりTV』の中で、泥酔したサラリーマンが早押しクイズをする企画が好きでした。遠くから見る泥酔のなんて面白いこと。

山の夜

山は暗くなるのが早い。そして夜になると暗さ以上にあたりの雰囲気が変わるのを感じるでしょう。そのことから午後4時頃までには山小屋やテント場に到着しておくのが山登りの鉄則となっています。あと昔から登山用語はドイツ語が多いから気をつけろ！

ウサギ、ムササビ

鹿やイノシシだけでなく、ウサギやムササビのような小動物を縄文人はよくとっていました。あんまり食べるところ多くなさそうなんですけどね。

縄文人に相談だ——24

どうしたらインスタ映えする写真が撮れるのでしょうか？

最近インスタをはじめたんですが、どうしてもおしゃれな感じに写真が撮れません。いまさら友達に聞くのもちょっと恥ずかしいし、誰かの真似をするのも何だか癪に触るし。どうしたらインスタ映えする写真が撮れるのでしょうか？

（コージ、27歳会社員、男）

縄文時代のどこを切り取っても「インスタ映え」します

共通の趣味でつながれて、たくさんの小さなコミュニティを作ることができるSNSって、現代的なのにすごく縄文的なツールだと思います。小さな集落がたくさんできて、大まかに文化圏ができあがり、さらには距離を超えて個人的にもやりとりをすることができるんですから、これはもう最高です。たまに暴力的な人やわけのわからないことを言い出す失礼な人も現れますが、たいていは実生活と同じく優しい人が多いように感じますし。

ただ、最近のSNSを見ていると、「インスタ映え」する写真を撮ることが目的化したり、あからさまにマウンティングライクな日常をアップしたり、なんのためにSNSをやっているのかわからなくなっている人が多すぎるのも事実。この先にいったい何があるのか、縄文的な解釈も及びません。

ただし、縄文時代のどこを切り取っても「インスタ映え」することは確実です。コージさん、そんなにインスタ映えする写真が撮りたいなら、ぜひ縄文時代に。

SNS
私は何時に何をやっているか報告するという、「自己申告型監視ツール」の総称。

インスタ映え
２０１７年の流行語にして同時にその軽薄さから嘲笑の対象に。集客に向け各地でインスタ映えを狙った演出が考えられた。そういうことが苦手な我らが縄文の考古館はどうしていいかわからず、すっと目を瞑る。

マウンティング
相手より自分が上だとアピールする行為を表す言葉。元々は猿の交尾の時の行動だ。

縄文人に相談だ――㉕

縄文時代って雑誌もなかったんですよね

フリーペーパーや雑誌が好きすぎて、たまにフリーペーパー専門店で働いています。そこで疑問に思ったんですが、縄文時代ってフリーペーパーも雑誌もなかったんですよね？なんかつまんないですよね。

（レイ、24歳只本屋、女）

もし縄文時代に雑誌を作るとしたら

最近はウェブマガジンってのもありますが、雑誌ってざっくりいうと「紙に文字や写真を印刷して複製した冊子」ですよね。縄文時代はもちろん紙もなければ文字も写真技術もありませんし、印刷という技術もグーテンベルクの活版印刷の発明まで待たないといけません。

じゃあ、なかったんですよねと言われたら、はっきり「なかった」と言い切れますが、もし縄文時代に雑誌を作るとしたら、文字や写真はすべて言葉と表現力で代用して、紙は記憶力、印刷は口承で代用。これでやれなくないとも思うんです。

最新号が出たよとか言って、最新号の内容を覚えた縄文人がみんなの前でページをめくるように語り出す。「巻頭エッセイに目次。今回の特集は『お邪魔します、あなたの街の貝塚』。ちょっと箸休め的なコーナーの『どんぐり料理レシピ』」それからそれから……。ヤバい、妄想が止まらなくなってきた。縄文時代に語られていたであろう物語や歌、神話って、もしかしたら今でいう雑誌みたいなものだったのかもしれませんね。

グーテンベルク
活版印刷技術の発明者。印刷の父。感謝。

代用
本文中、文字や写真、印刷を、言葉や表現力で代用と書きましたが、これは正しくない。むしろ文字や写真は言葉と人の表現力の代用品で、紙や印刷は記憶力や口承の代用品なのだ。

エッセイ
散文や随筆、短めのもの。巻頭をエッセイで始める雑誌も多い。雑誌のコーナーやエッセイで面白いものは多々あるけど、今、パッと思いついたものは、かつて週間ぴあで連載していた『東京住所不定』三代目魚武 浜田成夫。毎月引っ越し住処を変えるエッセイ。定住していなかった旧石器時代のようで面白かった。

縄文人に相談だ――26

縄文人に相談って、そろそろネタ切れなんじゃないですか

縄文時代って、ずいぶんニッチなこと言いますね。この本って、言ってみたら「出オチ」じゃないですか。実はこのへんでそろそろネタ切れなんじゃないですか？

（ケン、28歳会社員、男）

ネタ切れなのは現代のほうじゃないですか

「ニッチでネタ切れ」。どちらも間違いです。縄文時代をざっくり1万年、縄文以降、弥生から現代までをざっくり2500年と考えたら、縄文時代は弥生から現代の4倍です。そうです。単純に計算して4倍のコンテンツが縄文時代にはあるんです。これをニッチと呼ぶケンさんのほうに無理がありませんか？　それから現代の雑誌、テレビ、あらゆるエンタメを見てください。ほら、その企画もあの企画も過去の焼き直しばかりじゃないですか？

声を大にして言いたい。ネタ切れなのはいったいどっちですか？

イカ形土製品

最初に頭の部分だけが発見され、誰もがイカだと思った。その後、胴部の破片が見つかり現在の形に修復された。誰もが思った、これはイカではなく「いかめし」だ。

北海道鷲ノ木4遺跡、縄文後期
森町教育委員会所蔵

ニッチ

隙間の意味。ジャンルの幅が狭い時や、話題が小さい時に使われる。縄文時代のことを話す時に必ずと言っていいほど「ニッチ」と言われ、奥歯をグッと噛みしめる。こっちは大ネタのつもりでやっている。

ネタ切れ

「ネタ」とは「タネ」の逆さ言葉。いわゆる「飯の種」のような生きて行くのに必要なものの「タネ」を江戸っ子が粋に言ったのが語源。ネタ切れとは致命的なことなのだ。

弥生から現代

説によっても地域によっても数百年の幅はあるが、ここではざっくりと言わせていただいた。こう考えると江戸時代なんてつい最近のように思えてくる。

縄文人に相談だ——㉗

溜め込んだ備蓄食料。食べどきがわかりません

備蓄食料をつい溜め込み過ぎてしまいます。天災などに備え、スーパーなどで保存に適した目新しいものを見付けると、つい手が伸びてしまいます。そうして備蓄した食料ですが、たいていの場合（幸いなことに）災害はおこらず、結局は食べどきがわかりません。わからないというよりも、日々美味しいものが簡単に買えるため、それらの食べどきについて「見て見ぬふり」をしているのだと思います。

一度などは、パイナップルの缶詰を長年放置し過ぎたあまり、棚の奥で缶の底がひっそりと抜けて、中味がべっとりとしたなんともいえない茶色の液体になり溶け出していました。

縄文時代には、たくさんの食料の保存や長期の備蓄が

できないため、人々は常に狩猟や採集を行っていたと聞きます。そんな縄文時代の皆さんにこのような相談はとても恥ずかしいのですが、備蓄食料を溜め込まなくてもすむような、こんなもったいないことをしなくて済むような、何かよい心構えのようなものがあれば教えてください。

（鳩山郁子、漫画家、女）

天災への対抗策は現代と縄文時代とでは大きく違います

もちろんですが、地震や津波、嵐に大雨や火事。いわゆる天災は、縄文時代にもありました。

天災という人の力を超えた巨大な災害（現代では人災も天災に負けないくらい大きな災害となる場合もありますが）、それは突然、そして必ずやってきます。東日本大震災で甚大な被害を被った東北沿岸部では、来るべき次の巨大な津波への対抗策として、今現在、海岸線に高さ10メートルを超えるコンクリートの壁が作られていますが、その災害への対抗策は現代と縄文時代とでは大きく違っていました。

稲作以降の現代は、映画『シン・ゴジラ』のように人間の「科学力」や「技術力」で自然に対抗し、自然を組み伏せようとしてきました。一方、縄文時代の場合は、映画『君の名は。』のように祈りや運命のようなヒトの持つ「不思議な力」で対抗し、自然と調和しようと試みてきました。前者は

東日本大震災
2011年3月11日におこった、日本の歴史史上もっとも悲劇的な災害。原発事故も重なり、現在でも復興は道半ばだ。苦々しいのはこんな状況で何もできないのが明らかなのに、原発を再起動しようと考える何の思想性も無い政治家が多すぎることだ。

シン・ゴジラ
2016年大ヒットした怪獣映画。第一形態のゴジラが出てきた時、「お前誰?」と心の中で驚いた人多数。

気が休まり、後者は心が落ち着くなどの効能がありますが、残念ながらどちらも実際の効果のほどには疑問符がつきます。

もし唯一、縄文時代に分があるとしたら、その災害を「伝え続ける力」だったのではないでしょうか。縄文時代のほとんどの集落が水辺よりも高台に作られていたのは、災厄を1万年間、忘れていなかった証拠のようにも思えます。

備蓄食料ですが、鳩山さんのおっしゃる通り縄文時代はそれほど長く食料を備蓄することができませんでした。といっても、今の食料の保存の技術だって保存性の良いものでも3年から5年ほどではないでしょうか。個人レベルで食べどきがわからないのはもちろん、国からの指示で備蓄していた各自治体でも、何万食もの消費期限切れの備蓄食料を廃棄したというニュースを聞いたことがあります。

(特に自治体は)きちんと計画すれば備蓄食料を無駄にしないで消費することだってできないわけじゃないのですが、やはり、災害でもなければ備蓄食料なんて食べたくないのでしょう。

もちろん、もしもに備えて食料をストックしておくことは大切ですし、個人不安な気持ちを和らげるためにはそれも一つの方法だと思いますが、個人

君の名は。
2016年、日本でもっともヒットしたアニメ映画。大きな社会現象となった。

備蓄食料
各自治体では2〜3日分の備蓄食料を用意する目標を掲げているが、2016年の各自治体へのアンケートでは、県として備蓄していない神奈川、青森など5県を除く62自治体のうち3割近い17自治体が、消費期限を迎える備蓄食品の引き取り手を見つけられず、廃棄処分していたことが分かった。過去5年の総廃棄量は全備蓄量の4分の1に当たる176万3600食。これも一つの〝崩壊〟なのかもしれない。

レベルではほどほどでよいように思います。東日本大震災のようなとんでもない天災でも、食糧不足で亡くなった方はいませんでした。当然、一時的にはかなりの食糧不足や物資不足になったことは確かですが、縄文風の解決として、季節とロケーションさえ良ければ森に入って食べられる植物や木の実を拾うこともできますしね。

前出の東日本大震災では、インフラが整いだした数日から数週間後には、日本各地からたくさんの善意の食料品や生活用品が送られてきました。それこそが、現代に少しだけ残されたヒトの持つ「祈りの力」なのではないでしょうか。

食べられる食料

木の実や山菜、果物などなど、意外なほどに現代の森には食料が眠っている。ただ、そういう大変な時に野草を食べるのはエネルギーがいるのも確か。常にどこかにチョコレートを忍ばせておくのも手か。

2 縄文人に相談だ

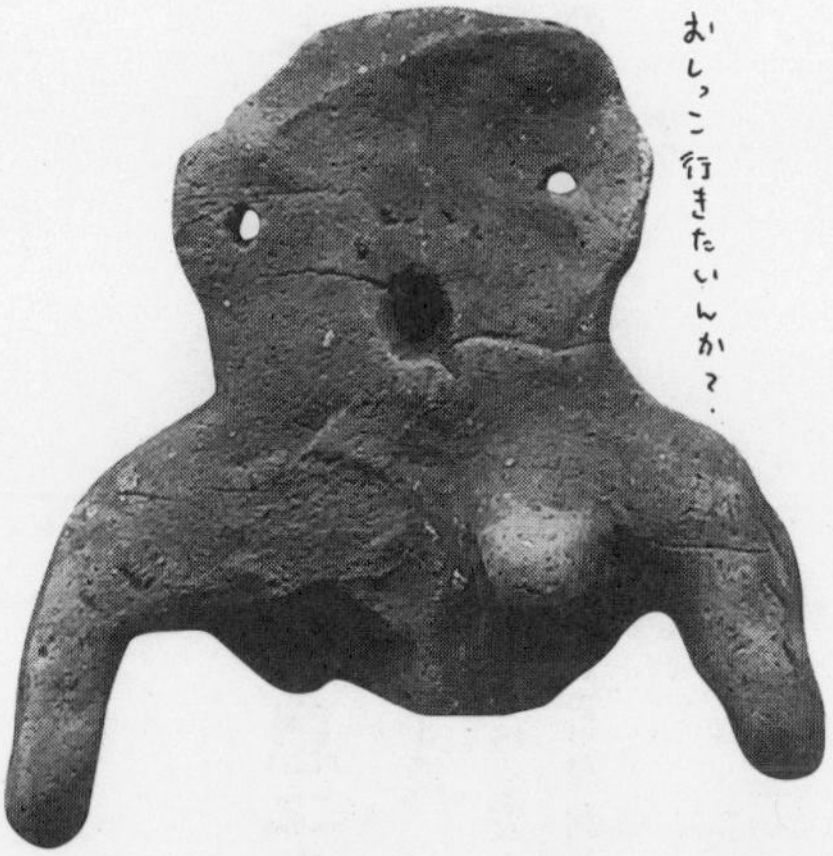

うちまたなだけだよー

最近どう？からはじまる縄文人同士の立話。そんな感じの悩み相談。

土偶

山梨県石堂B遺跡、縄文後期後半

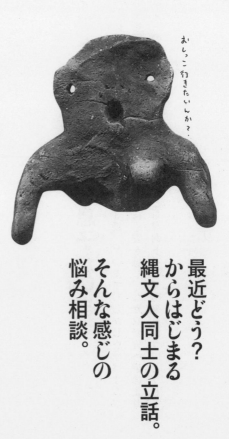

縄文人A：最近どう？ そういえばお前今オムツはいてる？
縄文人B：はいてねえよ！
A：じゃあパンティか？
B：パンツだよ！ なんなんだよ。マジで。
A：ははは、冗談、縄談、縄の談と書いて縄談。
B：うるせえ！
A：いやあ今回のこの本はさ、いろんなお悩みにさ縄文的思考で応えるっていう企画だからさ、オレたち縄文人としてもいくつか応えようと思ってさ。
B：それはまあいいけど、じゃあなんなんだよオムツやらパンティの件は、いったいなんのお悩みだよ。だいたい今「パンティ」って死語になりかけてるからな。古いんだよ！ お前は！

縄文人に相談だ――㉘

パンツトレーニング中の息子がいます

わたしにはパンツトレーニング中の息子（3歳）がいます。しかし息子はオムツの安心感を覚えてしまい、パンツを履くことに不安を感じ、なかなか先へ進めません。縄文人のお母さま方は、スムーズに子どもがおトイレで出来るようにどうしていたのでしょうか？

（やまだかおる、パート主婦、女）

パンツトレーニング

トイレトレーニングとも。オムツを卒業するための厳しい訓練。国民の義務。

育て合い

アイヌ語にウレシパという育て合いを意味する単語がある。アイヌにこのような言葉があるということは皆で育て合うことが、当たり前だったのではないだろうか。
札幌大学には「ウレシパクラブ」というアイヌの子弟を対象にした奨学金制度があり誰でもその活動をサポートできる。

A：っていう悩みだよ。だからお前ちゃんとパンツはいてるかなって思ってさ。
B：当たり前だろ！　3歳児と一緒にすんじゃねえよ！
A：じゃあお前パンツトレーニング頑張ったんだな。えらいぞ、大変だったろうな。部活動でもずっとパンツトレーニング頑張っていたもんな。朝パンツトレーニングも夜パンツトレーニングも休まなかったもんな。
B：お前、いい加減にしろよ、悩みにちゃんと応えろよ！　やまださん悩んでんだろ。
A：まあそれは縄談だとして、要するにやまださんはお子さんがスムーズにオムツからパンツに移行できて、早く自分でトイレに行けるようになってほしいんだろ。
B：そうだよ。
A：でもさ、縄文人としては子育てってみんなでするものだったからな。もう集落全体が共同体って感じでお兄ちゃんや妹も多かったし、周りはみんな知った顔だし隣の竪穴式住居だって徒歩3秒だしな。
B：現代はなまじっか、家族と他人が強調されすぎてお母さんも子どももいろいろな不安や子育てや成長の悩みを一人で抱えちゃって大変だよ。
A：オレらがアドバイスするとしたら、できるだけたくさんの人と子育てを共有することをお勧めするね。ガンガン周りを巻き込んでいこうよ。多少変なことを教えるおばさんとかもいると思うんだけど、そういうことも社会の一端だし、子どものうちからいろんなタイプの人間に触れ合ったらずいぶんタフな子に育つんじゃないかな。お母さんも楽になるしね。

B：迷惑を周りにかけたとしても、その逆を受け入れられたらいいんだしね。
A：おっとこんな時間か。ちょっと約束が。
B：ん、なんの用事？
A：決まってるだろ、パンツトレーナーと約束だよ。
B：まだパンツできてなかったのかよ！　いい加減にしろ！

縄文人に相談だ——㉙

抜け感のある髪型にしたい

髪の毛が剛毛で困っています。美容院に行くと美容師もちょっと嫌な顔をしますし、今流行りの抜け感のある髪型もできません。縄文時代はどんな髪型が流行っていたんですか？

（S、19歳、女）

A：次のお悩みは髪型の悩みだ。
B：19歳だからな、やっぱりそういうことが気になっちゃうんだろうな。
A：お前もちょっと若ハゲ気味だからな、髪型のことは気にした方がいいぞ。
B：うるせえ！　でも縄文人はみんな毛深いし、男はハゲる人が多かっただろうな。

A：さっさと頭を稲作しろ！

B：おい！　さっさとSさんの悩みに応えろよバカヤロウ！

A：はは、怒るなよ。縄談だよ。でもさ、抜け感っていったいなに？　毛が抜ける予感ってことかな。

B：そんなわけないだろ！　髪型の話だよ。まあでも確かに漠然とした表現だよな、うーん、ナチュラルな感じの髪型かな。ふわっとして風にそよいでいる感じ。

A：あー、それならわかるよ。ナチュラルだろ。自然ってことだろ。

B：なんかやな予感がするな。

A：自然っていえば森だろ。で、風にそよぐっていえば森に生えている木だろ。ブナとかくるみとか、栗の木とかあんな感じ、Sさん、参考にしてみたら？

B：雑木林を髪型と一緒するな！　やめろ。

A：なんで？　ブナの木とかかなり抜け感のある枝ぶりだろ。

B：枝ぶりに抜け感もゆるふわもねえよ！

A：冗談縄談、縄談だよ。オレらの時代の女性は割とみんな髪は長いから編み込んでいたりしていたんだよね。

B：そう。綺麗な櫛とかもちゃんとあって、もちろん流行りもあった。

A：Sさんは剛毛ってことだけれど、木の葉っぱでいうと松の葉みたいな感じかな。松の枝ぶりも見事なものは見事だからねえ、そういえばバカボンのパパって植木屋だっけ？

C：やめろ！　だいたい縄文時代に松はねえよ！　お前悩みに応える気がねえだろ！

頭を稲作

特に意味はない。縄文時代の悪口の定番。

編み込み

土偶にの髪型を見ると編み込んでいるように見える。当時の人たちも同じように編み込んでいたのかもしれない。（209ページ土偶参照）

綺麗な櫛

漆塗りの綺麗な櫛がいくつも出土している。縄文人けっこうおしゃれ。

縄文人に相談だ——㉚

上司が弟キャラ

上司（男性）が女々しくて悩んでいます。口ぐせは「もうだめですぅ〜」。弟キャラといえば聞こえはいいですが、限度が……。どうやってこの上司のキャラを攻略していけばいいか悩みどころです。助けて、縄文人！

（さよ、23歳会社員、女）

A：次は仕事の悩み。今回いろんな現代人に悩みを送ってもらったんだけど、実はけっこう仕事の悩みが多かった。

B：仕事って毎日のことだしね。

A：で、さよさんの悩み、これ冗談みたいに言ってるけど、実はこれは深刻な悩みだぞ。

B：えっそう？　そんなことなくない？　なんか人畜無害な感じするけど。

A：夜になったら「なんだか暗くてこわいですぅ〜」とか言い出すんだぞ。

B：気持ち悪いよ！

A：お礼を言うときは「ありがとうですぅ」、仕事がうまくいったときは「よかったですぅ」。んでイクラちゃんがタイ子さんに連れられて遊びに来たら「わぁ〜い、イクラちゃんで〜す」とか言い出すんだぞ。

B：サザエさんのタラちゃんかよ！　いい加減にしろ！

A：で、カツオが宿題しないでそーっと中島と野球に行くところをサザエさんに

イクラちゃん

ここでいうイクラちゃんとは『サザエさん』の登場人物のイクラちゃんである。下ネタが得意な歌手IKURAちゃんのことではない。同様にタラちゃんといっても映画監督の「クエンティン・タランティーノ」のことでもない。

告げ口したりして。
B：このくだり必要か？　さっさと話を進めろよ！
A：冗談だよ、縄談。気持ち悪い程度ならまだいいんだよ。いいか、よく考えてみろよ。お前、数人で狩りに行ったとするだろ、そこにはリーダーが必ずいて、どうやって獲物を見つけ、獲物を追い込むか、困った時の対処法だったり、深追いするかしないかも含めて判断するわけだ。そのリーダーが「もうだめですぅ～」リーダーだったらどうする。
B：手ぶらで帰ることになるな。
A：だろ、それどころか命の危険だってあるわけだよ。
B：狩りってけっこう危険だもんな。
A：そもそもリーダーって尊敬されないとなっちゃいけないと思うんだけど、お前、タラちゃんのこと尊敬できるか？　タラちゃんのいうことなら間違いないと思ってイノシシの目の前に立てるか？
B：タラちゃんのことは嫌いじゃないけど、幼稚園児を尊敬して命を預けることは無理だな。
A：さよさんの仕事が命に直結する仕事じゃないことを祈るよ。
B：それはそうとして、さよさんはどうしたらいいと思う。
A：弟キャラや妹キャラっていうのはいってみたら、現代社会の生み出したモンスターなんだ。可愛い可愛いって言われて、それで世の中渡っていけるってなっちゃったんだろうね。でそのままいい歳になってもそこから抜け出せなくて。
B：モンスター……。

リーダー
渡辺正行のこと。

妹キャラ
強力な妹キャラや弟キャラは、逆に接する異性をお兄ちゃんキャラやお姉さんキャラに変貌させることができる。これも一つの呪いである。

A：その上司に対して、嘘でもなんでもおだててみるのはどうだろう。男らしいとか、ここぞという時に頼りになるとか。この方法は心理学的にも証明されているんだけど、人は期待されている姿になろうとするんだ。男らしいことを期待されていたらそうなろうと思ってしまうものなんだよ。

B：逆を言うと今までは「可愛い」を期待されていたのかもしれないな。

A：まあそんな回りくどいことしないで、どんどんイニシアチブをとって、さよさん自身がリーダーになってしまうのが早いかもね。じゃあオレ、中島と野球やる約束してたから。

B：お前、カツオだったのか⁉

縄文人に相談だ――㉛

私、自分の顔嫌いです。もっとキレイに生まれたかった

（すー、15歳、女）

A：土偶を見なよ。すーさんの方がキレイだよ。

B：おいっ！　なんだよその返しは。それに土偶可愛いっていう人、けっこういるんだからな。

A：可愛くないでしょー。土偶だよ、土偶。だいたいヤバい顔してるよ。顔色も

赤とか黒

縄文時代のテーマカラー。漆では主にその2色を使っていた。考えて見ると土偶の配色はミッキーマウスと同じだ。現在『土偶ディズニー論』という論考を準備している（嘘）。

土気色だし。

B：土だからだよ！　それに元々は赤とか黒とかに塗られてたんだよ！　だいたいそんなんだったら比べられたすーさんだってうれしくないだろ、変なことばっか言いやがって。

A：だいたいすーさんの顔も知らないんだからしょうがねえだろ。土偶といい勝負だったらちょっとはうれしいだろ！

B：土偶といい勝負な女の子なんていねえよ！……あっ？

縄文人に相談だ――32

きれいな字が書けません

（田中マルクス早雲、30歳、男）

A：キレイな文様が書ければ問題ありません。はい、次の人。

B：おいっ！　手を抜くな！　お前もしかしたら男性の質問をないがしろにしているんじゃないか？

A：そりゃそうだよ。それになんだよこのどうでもいい悩み。それにオレたち文字に関してはまったく興味がないからな。男も文字も丸めて貝塚にポイだよ！

B：おい！　貝塚をくずかごみたいにいうんじゃねえ！　それにどうでもいいとか言うな。悩みっていうのは他人から見たらどうでもいいことも多いだろ。この一見どうでもいい悩みだって本人からして見たら深刻な悩みなんだよ！

A：ははは、冗談、縄談。今は連絡も何もメールで済ませる時代だからな、字が下手な人はずーっと上手くならない。そう考えるとかわいそうだよな。
B：そうなんだよな。本当に文字を書かない。ちょっとしたメモですらスマホに打ち込んだりするし。
A：そのくせたまに「文字に人柄が出る」とか言って手書きの文字で人間性をはかったりする人がいたりするから侮れないよな。
B：実際ちょっと人柄、出そうだしな。
A：いやいや文字なんて訓練なんだからそもそも下手くそな字に人格が宿ったら可哀想だよ。逆を言えば練習すれば上手くなるんだから練習あるのみだな。
B：そうだな。
A：よし、じゃあお手本として加曽利E式の文様を描くことから始めようか。
B：結局文様じゃねえか！

文字に人柄が出る
文字に出るのは人柄ではなく「味」だ。多少読みづらくても個性があった方が言葉が強くなるのは事実。（55ページ参照）

加曽利E式
千葉県加曽利貝塚を標識遺跡としている土器形式。関東の土器。なぜE式かというと加曽利貝塚のE地点から見つかったからだ。

加曽利E式セーター
実際は胴部にも懸垂文という縦の直線が入るが今回は首元を強調するために省略。

縄文人に相談だ――33

もう15年ダイエットしています

ダイエット中です。もう15年ダイエットしています。私は一体いつまでダイエットしなければならないのでしょうか、思いっきり美味しくて甘いものを気がすむまで暴飲暴食したい！

（暴飲暴食妄想族、35歳、女）

A：15年！　20歳からずっとダイエットしてるの？　下手な縄文人だったら死んでるぜ、平均寿命から言って。

B：現代人はすぐやせたがるからなぁ。

A：テロリストに家族の誰かが人質に取られて脅迫されてるかのようにダイエットしてるよな。

B：なんだそのたとえ。

A：テロリストも腹一杯食えって脅迫すればいいのにね。

B：だからピンときてねえんだよ！　そのたとえ。

A：「こいつの命が惜しかったら米を作って腹一杯食え」とか言われて、「はい、稲作始めます」とか言って。はい、これが弥生時代の始まりです。

B：おい！　わけの分からねえ歴史観を披露するんじゃねえ。

A：冗談だよ、縄談。でもさ、現代のダイエットは「糖質オフ」が主流だけど、縄文時代はお米や小麦、砂糖もなかったから、普段の食生活で糖質が過多になることはほとんどなかったよな。

B：まあ栗の食べ過ぎはあったんだろうけどな。虫歯も多かったし。

A：暴飲さん、「縄文人になったつもりダイエット」はどう？　しばらく竪穴式住居に泊まってそこから会社に行きなよ。食べ物は狩猟採集で手に入れたものだけにして。糖質はオフできるし狩りなんて結構いい運動になるぜ。昼休みに近所の公園でハト焼いて食ったりしてさ。そうだな15年とは言わないよ。5年で一人前の縄文人になれるぞ。

B：おい！　どんな提案してんだよ！　逃げろ、暴飲さん！

ダイエット
こんなにダイエット方法が生まれては消えている時代は今までにないのではないでしょうか。酵素にりんご、ロングブレスに骨盤。なんでもありである。本書でもダイエット法を2つ（相談㉝69）ほど提案している。

平均寿命
相談❽注釈を参照。

ハト焼いて
世界中にハト料理があるが、日本ではあまり食べられない。その前に鳥獣保護管理法によって勝手に捕獲してはいけないことになっている。

縄文土器を着てみたい

縄文土器の文様って意外とおしゃれではないだろうか。加曽利式に大木式、円筒上層式に称名寺式。バリエーションもパターンも地域色も豊か。

もちろんそのまま土器を着たいわけではない。土器は着るものじゃないのはわかっている。もし土器文様をおしゃれに着こなすとしたら、セーターはどうだろうかという提案だ。

たとえばシェットランド諸島の人気の「フェアアイルニット」のように伝統的なパターンと、現代にも通じる（ややどんくさいところも含めて）おしゃれさが土器文様にはあるのではないだろうか、と。

今回はいくつかの土器文様をセーターにして（絵にして）みた。これがおしゃれかどうかは読者の判断に委ねたい。

A

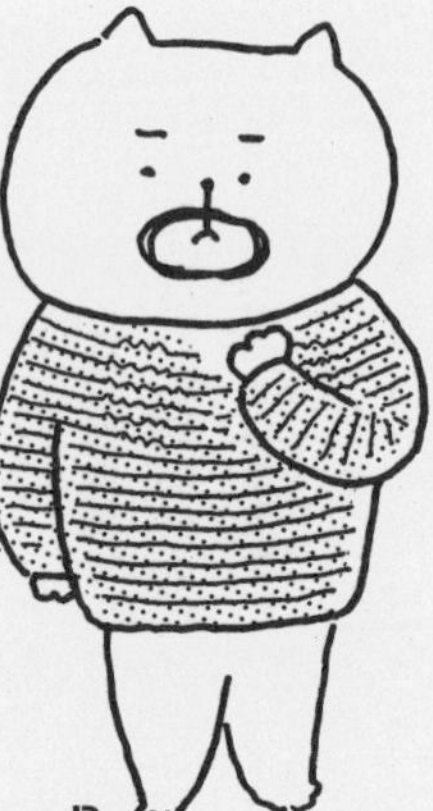

B

C

A 称名寺式セーター

縄文後期に関東で流行った形式。よく見ると「J」や「O」などのアルファベットのような文様が描かれる。「J」は縄文の「J」と仮定して、カレッジプリントのように着こなしたい。

B 草創期の土器

草創期はまだはっきりと型式のようなものはなく、シンプルなデザインが多い。このセーターのモチーフにした土器は青森県表館遺跡の隆起線紋土器、シンプルなようで、隆起線をところどころ波線にして円形を作っている。おしゃれ心が隠せない。

C 円筒上層式セーター

縄文中期、主に北東北と北海道でよく使われた。ストンとしたストレートなシルエットがおしゃれ。

円筒上層式土器T

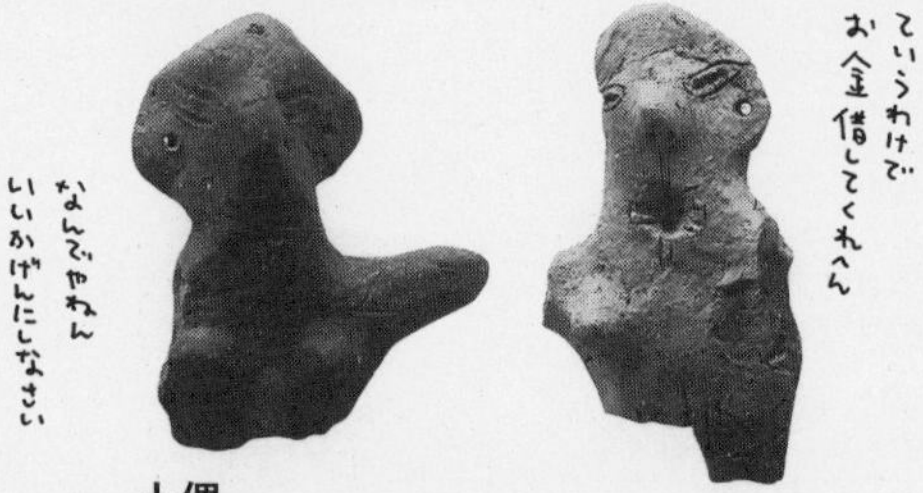

土偶

山梨県石堂A遺跡、縄文中期後半

最近よく考えます。お金ってなんなんでしょうか？

今の世の中はお金に支配されているような気がします。普通の生活をするのにはお金が不可欠。勉強して就職して仕事して経験をつんでその対価として得るものもお金。それどころか家族を持ち子孫を残せるか否かもお金次第。でも不思議なことにお金の価値は国が違えばあっさりと逆転したりもする。縄文時代はお金が無かったと聞きます。それってどんな感じですか？　お金という共通の価値基準がない中で、どうやっていろんなことをやりとりしてたんですか？

（幡ヶ谷姉妹、45歳、女）

A：硬いよ！　あと重たい！
B：確かに今までとトーンが全然違う。オレたちが聞いてもいいものか、悩んじゃうくらいだな。
A：オレたちからしてみたら、お金なんて別になくてもいいだろ。
B：だから今は必要なんだよ。食べ物買うのにも何をするにもお金は必要だし。
A：なんでだよ。縄文時代はお金なんてなくても誰も困らなかったぞ（47ページ参照）。食べ物は狩りしたっていいし、落ちてるどんぐり拾えばいいし、それか余ってる人にもらえばいいだろ。

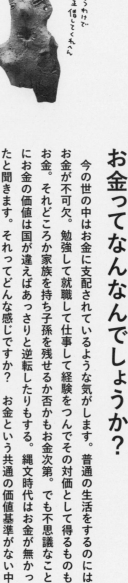

どんぐりスポット

よく見てみると大きな公園の一角、街路樹にだってどんぐりの木は植えられている。君も自分だけのどんぐりスポットを見つけよう！

贈与経済

贈与経済という言葉には慈善と強制の二つの贈与があり、それをそのまま縄文時代に置き換えることはできないが、ここでは金銭や対価を求めない経済という意味でざっくり使っている。

自慢げに変な石

世の中で何が困るかと言えばあまりにも興味のないものを自慢されることはその一つだろう。特にそれがニッチであればあるほど大変だ。あいまいに「へぇすごいですね」などと言ってはいけない。興味のないものははっきりと興味がないと伝えるべきだ。

B：現代の都会で狩りしてる人なんていないよ！　新宿で弓矢もって走り回ってたら通報されるよ！　それに最近は道にどんぐりあんまり落ちてねえんだよ！　あと家賃だって電気代だって生活するのにはどうしたってお金が必要なんだよ。

A：えっ、でも㉝の相談の暴飲さんは公園でハト焼いて食ってたぞ。

B：食ってねえよ！

A：ははは、まあ冗談だよ縄談。半分本気だけどな。周りに迷惑かけまくればなんとかなるしな。あとどんぐりは新宿にも意外と落ちてるからな。秘密のどんぐりスポット教えてやろうか。

B：なんだよどんぐりスポットって。でもさ、お金がなくても1万年続いて、それでいてきちんと交易をしていたわけだろ。自画自賛だけどそれってすごくない？

A：縄文時代はいわゆる贈与経済だったとか交換で成り立っていたとか諸説はあるけど、現代とはずいぶん発想が違ったんだと思う。

B：発想？

A：オレたちって森へのリスペクトがすごかったじゃない。そのわけはさ、オレたちの生活の全ての糧は森にもらっているからに他ならないんだよね。食べ物から着るもの家を建てる木材。すべて森にもらったものだ。もらったものに値段なんてつけられないだろ。もっというと所有という感覚も今とは少し違うだろうね。

B：ああ、そういうところはあるよね。自慢げに変な石を見せびらかす人はいたけど。

A：オレのものであってオレのものでないっていうか、今はオレのところにあるけどいつかは森に返すものだったり。一言でいうと「森は誰の持ち物でもない」ってことかな。もしお金のない社会を作るんだったら、その前に所有について考えないといけないだろうね。
B：すっげえめんどくさい話になりそうだな。
A：オレたちには森っていう絶対的な存在があったからできたんだろうね。

縄文人に相談だ——35

ブルーライトに戦々恐々

ブルーライトに戦々恐々としています。だいたいにおいてスマホやPCの画面の見過ぎで視力低下が心配だなと思っていたところに、ブルーライトを浴びると老けるという噂まで聞いていてしまい、今の私、文字通り青くなっています。

（藤岡みなみ、タレント、女）

A：噂でしょ。噂。過度に気にしなくてもいいと思うけど。
B：でも噂でも怖いよね。
A：オレたちってさ、１００％口コミでしか情報が入らなかった時代じゃん。で、間違いなく噂好きだったわけでしょ。何しろ言葉の文化だし、おしゃべりって大切なことを伝え合う以上にエンタメだったわけじゃない。だからけっこう変な噂で右往左往してたかもしれないんだよね。

B：ああー、確かに。おしゃべりが面白い奴ってちょっと話を盛るしな。それに基本的に伝言ゲームみたいなことやってるわけだからな。

A：そう。まあでも森が見てるからあんまり悪意のある噂を流すようなことはやらなかっただろうし、時間が経てば本当のことか、ただの噂かの判断もつくだろうしな。いやーでも「どこそこのムラにすげえ可愛い女の子がいるよ」なんて言われたら噂でもなんでも見に行っちゃいそうだけどな。あとめちゃくちゃ下世話なゴシップで大笑いしたりして。あっあんまり今と変わらないか。

B：ははは、でもさ、縄文時代にブルーライトを浴びると老けるって噂が流れたとしたらどうする？

A：えっ……てお前、オレたち今日も昨日も紫外線バンバンに身体中に当ててるんだぞ。日焼け止めもサングラスも無しに。竪穴式住居の中に入ったら入ったで涙が出るほど煙いし、燻製かよ！ってくらいに燻されるし。

B：藤岡さん、オレらぜんぜん気にしません。

ブルーライト

ヨコハマでもヨコスカでもなくスマホやPCの画面から多く出ているという紫外線に近い光の種類。最近この光を浴び続ける弊害が心配されている。現段階では「老ける」というのは噂の域を出ていないが、体感的に身体に良いとはとても思えない。

藤岡みなみ

貴重な縄文好きタレント。『縄文ZINE』に何度も登場してくれている。パンダの生態や歴史にも詳しい。
公式ブログ：熊猫百貨店
ameblo.jp/373panda/

縄文人に相談だ――36

彼女がだらしなさすぎます

同棲している彼女に関する相談です。僕の彼女、だらしなさすぎるのです。洗濯物も溜め込みすぎるし、たたんだりも一切しません。朝はなかなか起きないので朝ごはんもちゃんと食べないし、朝ご飯だけじゃなく、食べ物も適当なものばかり。

食事がお菓子だけってことも。お酒もけっこう飲むのでとにかく彼女の健康が心配です。僕は割と規則正しく生活しているので同棲していても生活のリズムが合ってないし、このまま彼女とやっていけるでしょうか。

（H、30歳翻訳家、男）

A：Hさん……、お前は弥生か！
B：おい！　いきなり何言ってんだ。
A：さっきこのHさんの彼女のだらしなし子さんも相談（相談㉒）してただろ。「彼氏が厳しすぎる」って。オレ、後ろで見てて言ってやろうと思ってたんだよ。この弥生野郎！　脱穀でもしてやがれ！
B：やめろ、脱穀を悪口みたいに言うんじゃねえよ！
A：Hさんは自分で自分は合理的で、だらしなし子さんのやることが理にかなってないって思ってるんだろ。
B：確かに絶対に思ってるよな。
A：そこが気に入らないんだよな。言っておくけどHさんの合理性だって、普遍的じゃねえからな、Hさんだけの個人的な合理性だからな。だらしなし子さんのだらしなさも彼女が自分らしくいられるために必要という点では充分合理的なんだよ！
B：だらしないに合理性はなんだか無理がある気がするけど……。
A：縄文時代の土器の装飾過多のところなんて、Hさんからしたら無駄だって思うんだろうな。あれはあれでオレたちには充分合理性があるんだからな！　オレ

合理的

「目的地までまっすぐな道があったらまっすぐ進む」。これがいわゆる合理性だ。で、それって面白いですか？

土器の装飾過多

縄文土器の装飾は煮炊きをするという点だけでみると意味のない装飾であり行為だ。現代人はそれについて熱効率などの合理的な理由を探したりしたが、結局は心の問題だとしつつある。心のことだって十分合理的なのだ。

たちなりの合理性があるんだよ！　現代の了見の狭い価値観でみるから受け入れられないんだよ。この弥生野郎！　田おこしでもしてろ！

B：おいっ怒りすぎだよ！　田んぼ仕事を悪口みたいに使うな！

A：もういいよ、だらしなし子さん飲みに行こう。一緒に弥生の悪口でも言おう。今日はうまい酒が飲めるぞ！

B：勝手に連帯感いだいてるんじゃないよ！　いい加減にしろ！

縄文人に相談だ――37

芸術家の旦那の労働意欲がありません

私の旦那は芸術家です。数年に1本のペースで映画を撮っています。悩みはその旦那の労働意欲がないことです。最近やっと週2日だけ知り合いの映像製作会社で働き出したんですが、それも前の日にお酒を飲みすぎて休んでしまう始末。せめて自分の食い扶持だけでも稼いできて欲しいものです。

（ぽん、40歳、女）

A：芸術家爆発しろ！

B：おい！　岡本太郎さんの「芸術は爆発だ」と訳の分からねえネット民の「リア充爆発しろ」を混ぜるな！

弥生の悪口

弥生に対して忸怩たる思いというのは誰しも抱いていると思いますが、はっきり口に出したのは雑誌『縄文ZINE』とこの本だけだ。古墳に対する悪口も同様。

なぜ鼻曲り土面が作られたのか、今現在2つの説が考えられている。◎神がかり状態のシャーマンの顔面説。◎世界の民俗学的に鼻の曲った土面は悪霊を表していることから、悪霊説。

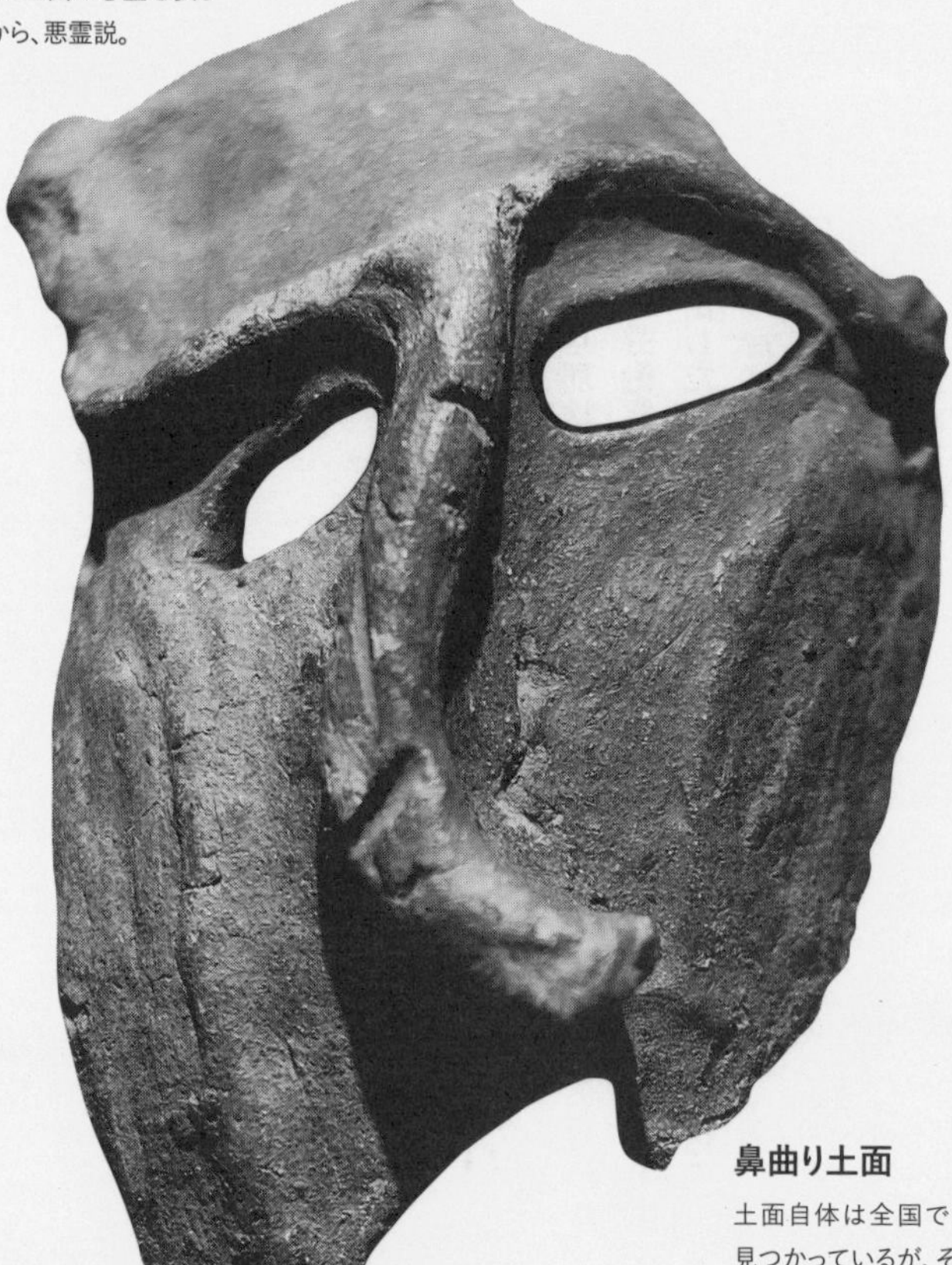

100

鼻曲り土面

土面自体は全国で100個以上見つかっているが、そのうち鼻の曲っているものは5つ、いずれも北東北から出土している。すべて内側が顔に合わせて弯曲していて実用的、鼻の向きは青森県の六ヶ所村のもの一つだけ右に曲っている。

岩手県蒔前遺跡出土、縄文晩期

ネット民

ネットに生息する民。外に出ないせいで目が小さくなっている。肌は灰色で「メシウマ、メシウマ」と鳴く。冬になると身体はカサカサし、夏はヌメヌメしている。独自の言語で話すが、テキストベースの言語のため、音声にすると絶妙な違和感を覚える。

A：冗談に決まってるだろ、縄談だよ。でも現代の芸術はいいよな、なにしろ観客や鑑賞者とちゃんと言葉が通じるだろ。うらやましいよ。

B：言葉が通じるってどういうことだよ！

A：オレたちの時代の芸術的行為ってことを考えるとさ、芸術ってやっぱり、カミや森とのコミュニケーションツールって意味がけっこうあったと思うんだよな。逆を言えばカミと正式にコミュニケーションをとるためには芸術が必要不可欠だったんだよ。カミや森は言葉が通じないから大変なんだよ。

B：そうなのか。

A：そうだよ。あいつら話の通じる相手じゃないんだよ。

B：カミを「あいつら」呼ばわりするな！

A：全然ぽんさんの解決にならなくて申し訳ないんだけど、もう諦めるしかないよね。芸術家と結婚してしまったんだからさ。よく考えたら現代の芸術家だってたいして話の通じる相手じゃないんだよ。

B：おい！

A：とにかく要約するとだな、「弥生爆発しろ」だよ。

B：ウソつけ！　お前こそ話が通じねえよ！

大洞A式セーター

縄文晩期を代表する土器、大洞式（6、7ページ参照）。薄く、現代の目から見てもプロポーションも端正で、かつ形の種類も多い。時代によって文様も変わり、古い順から大洞B1、大洞B2、大洞BC1、大洞BC2、大洞C1…、ええい、ややこしい。こちらの大洞A式はAなのに最も新しいタイプだ。ファッショナブル。

青森県田子町原、
縄文晩期、大洞A式
個人蔵、青森県立郷土館で
見られる。

大木式セーター

東北地方でよくみられる土器。渦巻文様が特徴的。着こなすのには少し難易度が高い。ビートたけしさんに着てほしい。

岩手県大館町遺跡、
縄文中期、大木8b式

縄文人に相談だ――38

スマホのスクロールが無駄すぎる

いちいち自分の行動をツイートする友達がいます。別にいいんですが、全然いいんですが、なんなんですかあいつ。スマホのスクロールが無駄すぎるんですけど。

（忍者になって巻物取りに行きたい、28歳、女）

A：またSNS？　やっぱりSNSの悩みというか文句は多いよねー。

B：それだけ現代ではSNSが身近な存在なんだろうね。まあオレたちはスマホもなければネットもないからな、そういう悩みからは無縁だよな。

A：でもさ、もしシカとかイノシシがツイッターやってたらめちゃ便利だよな。シカが「〇〇池のほとりなう」とか言ってのんきに水なんて飲んじゃったりして、でオレらはそのつぶやきを見て狩りにいったらいいわけだからな。

B：そんなバカなシカはいねえよ！

A：ウサギがキレイな夕焼けの写真なんかを載せて「今日は天気がいいから〇〇を通って帰ろうかな」とかつぶやいちゃって、それをイノシシがリツイートなんかしちゃってさ。でもこっちはこっちでウサギの夕焼けの写真キレイだななんて思ってそのリツイートをファボったりしちゃって、ウサギに見てることバレちゃったりして。

B：なんなんだお前ら、バカの御子柴遺跡か！　ってだいたいシカもイノシシもスマホ持ってねえし、SNSだってやってねえよ！

リツイート
現代の口承のこと。

ファボ
お気に入りに登録することをいう。Favorite のFavoから。似たような語感だが「即ハボ」は「即ハメボンバー」。意味はろくでもないので省略する。

御子柴遺跡
長野県の旧石器時代と縄文時代の間の遺跡。ここからは材料も用途も違う石器たちがほぼ未使用・完形で数多く発見された。まるで石器の見本市のような遺跡。

A：あ、そうか、あいつらポケットがないからな～。スマホ持ち辛いもんな。

B：そういう問題じゃねえよ！

A：知ってる？　ラッコって脇の下にポケットがあってそこに「マイ石」を入れて持ち歩いているんだぜ。ほら、貝をお腹で割るあれだよ。

B：知らねえよ！　なんの話だよ！

A：今度ウサギくんにウエストポーチでもプレゼントしてやろうかな。そろそろあいつ誕生日だったしな。

B：ずいぶん仲良いな、おい！

縄文人に相談だ――39

冷え性で困っています。すぐに冷えます

（矢部太郎、漫才師、男）

A：冷え性って、人間氷河期ってことだろ。

B：そんな「期」はねえよ！

A：あっ「人間氷期」か。ごめんごめん。言葉は正確に使わないとな。

B：おいっ、そもそもが間違えてんだよ！　人間氷河期も人間氷期もそんな言葉はねえんだよ！

A：はは、冗談、縄談。縄談だよー。

B：ったく、まあ縄文時代にはヒートテックもなければ床暖房もないからな。冷

ラッコ

縄文時代の日本にラッコがいたかどうかというと、多分、いました。その頃から北海道の千島列島には生息していたようです。ちなみにラッコという名前はアイヌ語の「rakko」を語源としています。古くからラッコの毛皮は交易品としておなじみだったようだ。

ラッコのポケットについては、いがらしみきおの『ぼのぼの』に詳しい。

氷期・間氷期

地球の気温が長期間寒冷する期間を氷期。氷期と氷期の間、温暖化する期間を間氷期と呼ぶ。現在は間氷期である。

え性には辛い時代かもな。

A：でもさ、竪穴式住居って意外とあったかいよな。分厚い土の層で外の気温の影響をあまり受けないし、火を絶やさなければかなりポカポカ。しかも夏は涼しいし。

B：それは確かにな。

A：まあお前は冷え性じゃなくてポカ性だから関係ないか。

B：なんだよ「ポカ性」って、手足がポカポカしてるって意味か？ バカなネーミングだな。

A：ポカ性を卒業したらやっぱりポカ中、ポカ高って進学していくのかな。

B：そんな中高一貫校はねえよ！

縄文人に相談だ――40

将来が不安です

将来が不安です。今はいいんですがこの仕事、手に職ってわけじゃないですし……。

（片桐仁、44歳タレント、男）

A：猪瀬直樹かよ！

B：おいっ前々都知事のあの名台詞を出してくるなよ！ 収賄を疑われてつい言っちゃった「将来の生活が不安」。もう忘れてやれよ。

ヒートテック
ポカポカ衣料。

竪穴式住居
ここでいう竪穴式住居は土屋根式のタイプ。

A：あんな面白いこと忘れられるわけないだろ。しかも都議会でカバンにお金が入るやら入らないやら、あれ変なコントみたいで笑ったなぁ。

B：まあ面白かったけどさ、猪瀬さんは置いておいて、とにかく今は片桐さんの相談だろ！

A：ははは、冗談、縄談。でもさ、将来の不安って言ったらもうみんな不安だよな。それこそオレたち縄文人だってさ、将来が不安だから土偶やストーンサークルを作って祈ったりしてたわけだからな。

B：オレたちは将来の不安のために祈っていたのか？

A：そりゃそうだよ。それ以外何を祈るんだよ。人は不安だから祈るんだよ。獲物がたくさん獲れるようにとか、丈夫な子どもが産まれるようにとか、死んだらどうなっちゃうんだろうとか。全部将来のこと。でもさ、逆に言えば不安だからそれにたいして備えることができるんじゃないかとも思うんだよな。5000万円借りたり。

B：だから猪瀬さんのことはほっとけよ！

A：縄談はさておき、こういうふうに不安があるから人類は発展したとも言えると思うんだよね。今も昔も将来が不安なのって〝ヒト〟の持っている特別な力なんだよ。

B：そうなのかな。

A：ちょっと、ゆっくり祈るために湯河原の別荘に公用車で行ってくるよ。

B：それは舛添さんだよ！　いい加減にしろ！

将来の生活が不安
収賄を疑われた都知事時代の猪瀬直樹さんの答弁「将来の生活に不安があり、昨年11月に徳田毅衆院議員から5000万円を借り入れた」。作家であり都知事にまで上り詰めた人物のしみったれた言い訳に、お茶の間が騒然とした。

十腰内式土器セーター
縄文後期、北東北の土器。薄手の作りで、次の大洞式につながるデザイン。ちょっと派手めなサマーセーターなんてどうだろうか。

深鉢形土器

口縁部に王冠のような三角形の突起が大小規則的に並んでいる。これだけで製作者のおしゃれ心がわかるというものだが、白眉なのは胴部の市松模様だろう。無文部分と縄文に網目を入れた部分が交互に胴部を飾りその交差点には小さな突起が貼り付けられている。

青森県風張1遺跡、縄文後期後半

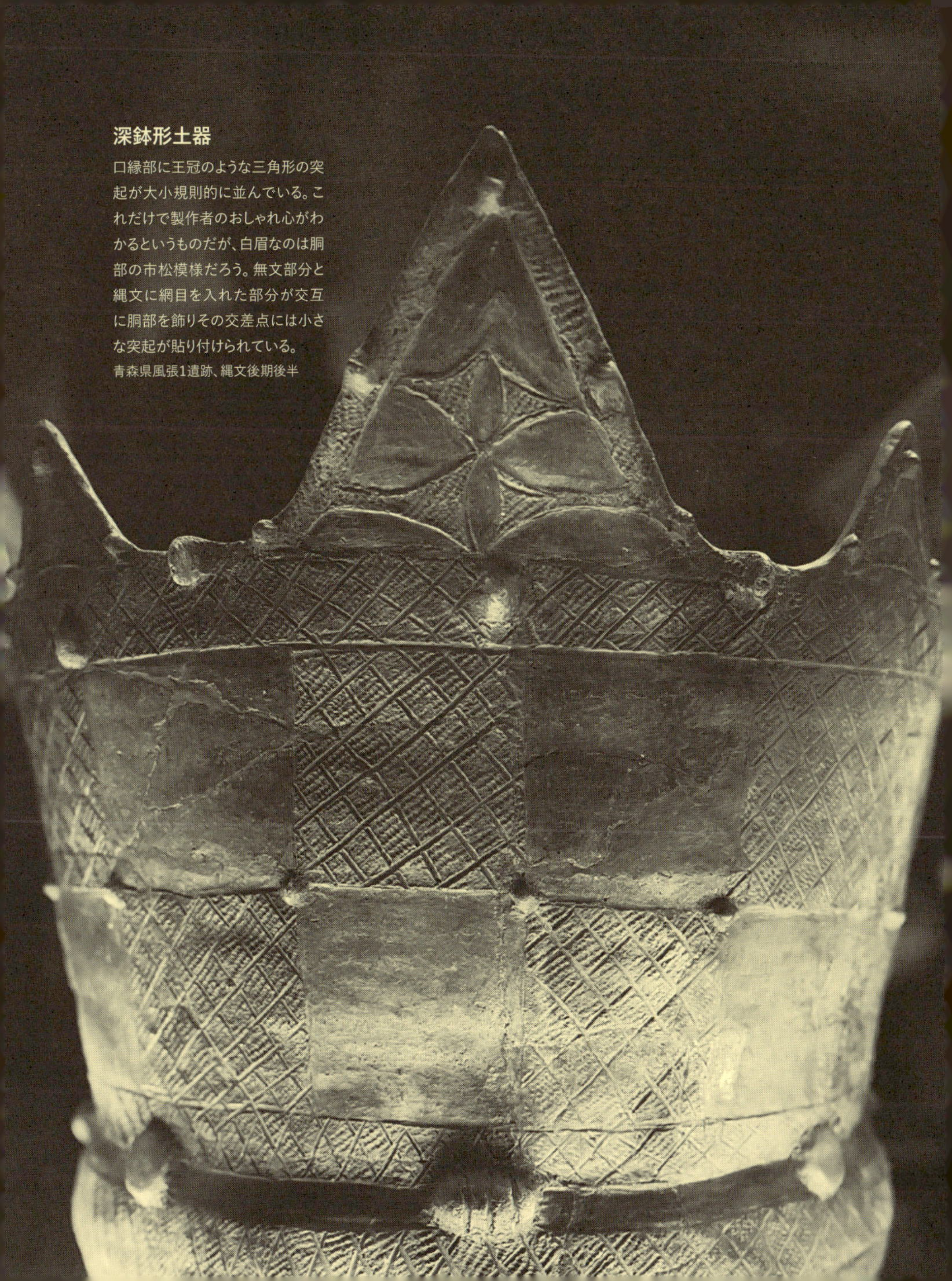

古着っていつまで着てもいいの

古着が好きなんですが、古着っていつまで着てもいいんでしょうか。まだ若いので古着もちょっとしたはずしになってオシャレに見せられるのですが、これから歳をとっていってこのまま古着ファッションを続けてたら、はずしとかオシャレとかじゃなく、ただの古い人みたいになってしまいそうで怖いです。

（小川、24歳、女）

A：古着っていっても10年とか20年でしょ。
B：もっと古いのもあるけどきっとそんなもんだよな。
A：オレの着てる鹿の革ジャン、多分300年くらいたってるぜ。うちの親父もそのまた親父のそのまた親父の祖父の曽祖父の……、とにかく全員着てたからな。
B：嘘でしょ？　マジで？
A：それに比べたら10年、20年なんてほとんど新品じゃないか？
B：そういわれたら古着って言う前にちょっとこちらに気を使って欲しいくらいだよな。まあそれは置いておいて、悩みとしてはいつまで古着ファッションを続けられるかだけど…。
A：だからそういう悩みは300年着てから言ってくれって！
B：無茶苦茶だよ！

古着ファッション
最近では古着ですら通販ができるようになり、高円寺まで行き、古着屋独特のすえた匂いをかぎながら探さなくてもよくなった。
古着も扱うファッションサイト「ZOZOTOWN」では試験的に送料自由（購入者が自由に金額を決められる）を導入していたが、都道府県別、「送料を安く設定したランキング」ではトップ5を関西勢がしめた。さすがである。

住んでいる場所で人を判断する友人

住所でその人を判断しようとする友人がいます。たとえば東京の郊外だったらその人は仕事ができない人間で、港区や目黒区、渋谷区あたりであればその人のことを無条件で信頼するという。住んでいる場所が東京でなければもうそれだけであなどってくるのですが「その場所は東京でいったらどの辺なの」と言い出す始末です。このローカルを軽視する姿勢に対して一回ガツンと言ってやりたいのですが、何かいい方法ありませんか？

（おはぎ、29歳、女）

A：住んでる場所は大切だけど、オレたちにとって東京も郊外もローカルもないからな。むしろ近くに綺麗な川が流れてそこがアクセス便利なハケ（台地のヘリの部分）であれば問題ないしな。

B：欲をいえば見晴らしが良くて、交通の便が良くて、落葉広葉樹の森が広がっていれば完璧だけどな。

A：けっこう贅沢いってるな。

B：ロケーションの良い場所ってうらやましがったりしたのかな。

A：どうだろうな、オレたちって地元愛が強いし、地元で結束だってあっただろうし、旧石器時代と違って引っ越しとかそう簡単な話じゃないよなー。そう考えると好きなところに住める現代人自体が羨ましいかもしれないよ。ところでお前

ハケ

縄文人が好きな場所。遺跡地図を見ると、ハケ沿いに遺跡が並んでいる。縄文時代に不動産広告があったとしたら「水場5分、拠点集落まで至近2時間の好立地。最寄りの貝塚までも2時間弱。見晴らしの良いハケの上、日当たり、森へのアクセスも良い」。

の住んでいる場所、東京でいったら何区あたりって考えればいい？　足立区？

B：おいっ、お前もおはぎさんの友達と変わらねえじゃねえか！　なんで足立区を引き合いに出すんだよ！

A：いいから教えろよ、なんだ小平市か？　青梅市か？

B：ほとんど山梨だろ！　オレたちにとったらめちゃ住みやすいよ！　なんでいちいち東京でたとえなきゃならねえんだよ！

A：じゃあTOKIOでいったら誰？

B：うーん、国分太一くんだよ、ってバカヤロウ、いい加減にしろ！

土偶

左のきゃわいい土偶の愛称はチビーナス。2頭身。

山梨県諏訪原遺跡、縄文中期前半

縄文人に相談だ——㊸

ゲイだけの秘密の場所があるのですが

30歳のゲイです。ゲイにはゲイだけが知っている穴場ビーチや、ゲイだけが知っている穴場市民プールなど、ゲイだけが集まるゲイだけの楽園のような秘密の場所があるのですが、最近のSNSのおかげで、秘密ではなくなりつつあり、初心者のゲイだけでなく、ノンケの連中までやってくる始末です。これ以上わたしたちの場所を奪わないで！　もうSNSで拡散しないで！

（ケンタ、30歳、ゲイ）

Ａ：ケンタさん、すっごいわかりますよ。オレらも稲作が流行りだして、今まで森だったところが開拓されて田んぼになっていくところを見てきましたから。

Ｂ：それとこれは同じなのか？

Ａ：まったく同じだよ。オレたちだけが知っていた穴場のシカの水飲み場とか、穴場のトリカブトの生息地とか、そういうところがあっという間に田んぼに変わっちゃうんだぜ。

Ｂ：なんかちょっと相談のプールとは違う気がするけどな……。

Ａ：今日からここはオレたちの空き地だ、お前らは別に行け！　みたいに追い出されてさ……、野球やってたのに……。

Ｂ：縄文人は野球なんてやらねえよ！　ドラえもんに出てきた空き地みたいに言うんじゃねえ！

Ａ：最近のＳＮＳ流行りの良くない点の一つに、秘密が保持できないっていう点があるよね。縄文時代も現代も人は自慢したい生き物で、ＳＮＳはその自慢心を満足させるためのツール。良い場所であればあるほど、拡散は早い。

Ｂ：確かにＳＮＳの自慢ショットばかりで見ているとなんだかこっちがみじめになる気がするよな。

Ａ：ケンタさん、本当に大切なものは誰にも教えちゃダメだ。強い気持ちでゆずれない一線を決めるべきだ。稲作はあなたの弱い心につけこんで入り込むのだから。

Ｂ：お前……、稲作のこと、「悪魔のささやき」みたいに思ってないか？

ノンケ

同性愛者から見た異性愛者。「その気がない」から「ノンケ」と言われる。ノンケが好きなゲイもいる。

トリカブト

猛毒の植物。アイヌはトリカブトの毒を鏃に塗って狩りをしていた。各地域で独自の配合を編み出し、効果を強めていた。縄文時代から日本に自生するトリカブト。やはり縄文人もこの毒を使いこなしていたのだろう。

縄文人に相談だ——44

脇汗が気になって グレーのTシャツが着れません

グレーのTシャツが好きでたくさん持っているのですが、Tシャツが一番活躍する季節、夏。脇汗が気になってグレーのTシャツが着れません。特に最近の日本の夏は暑さも湿気も絶好調。ちょっと外を歩いただけで両脇には汗染みが……。あーもう、何とかして！

（メガネ女子、26歳、女）

A：グレーのTシャツは脇汗が目立つ衣料ランキングの10年連続1位だからな。
B：そんなランキングねえよ！
A：第2位は薄いブルーだけど、かなり差をつけられているからなー、来年もグレーで磐石だよ。
B：おいっいったい何の話をしているんだよ！
A：お前ってよく見ると脇汗みたいな顔してるな。
B：おいっ！　ふざけんな！　誰が脇汗みたいな顔だよ。Ｂａｎしてやろうか。そんな顔ねえよ！　制汗剤を鞄から出すな！　いい加減にしろ！
A：はは、冗談、縄談。でも脇汗を抑える良い方法が縄文時代にあるんだよ。
B：えっマジで？　オレたち脇汗なんて気にしたことあったっけ。

安行式土器セーター
縄文後期〜晩期まで関東で流行ったデザイン。このセーターは安行3bをモチーフにしている。サーフショップで売られていそうなデザインだ。

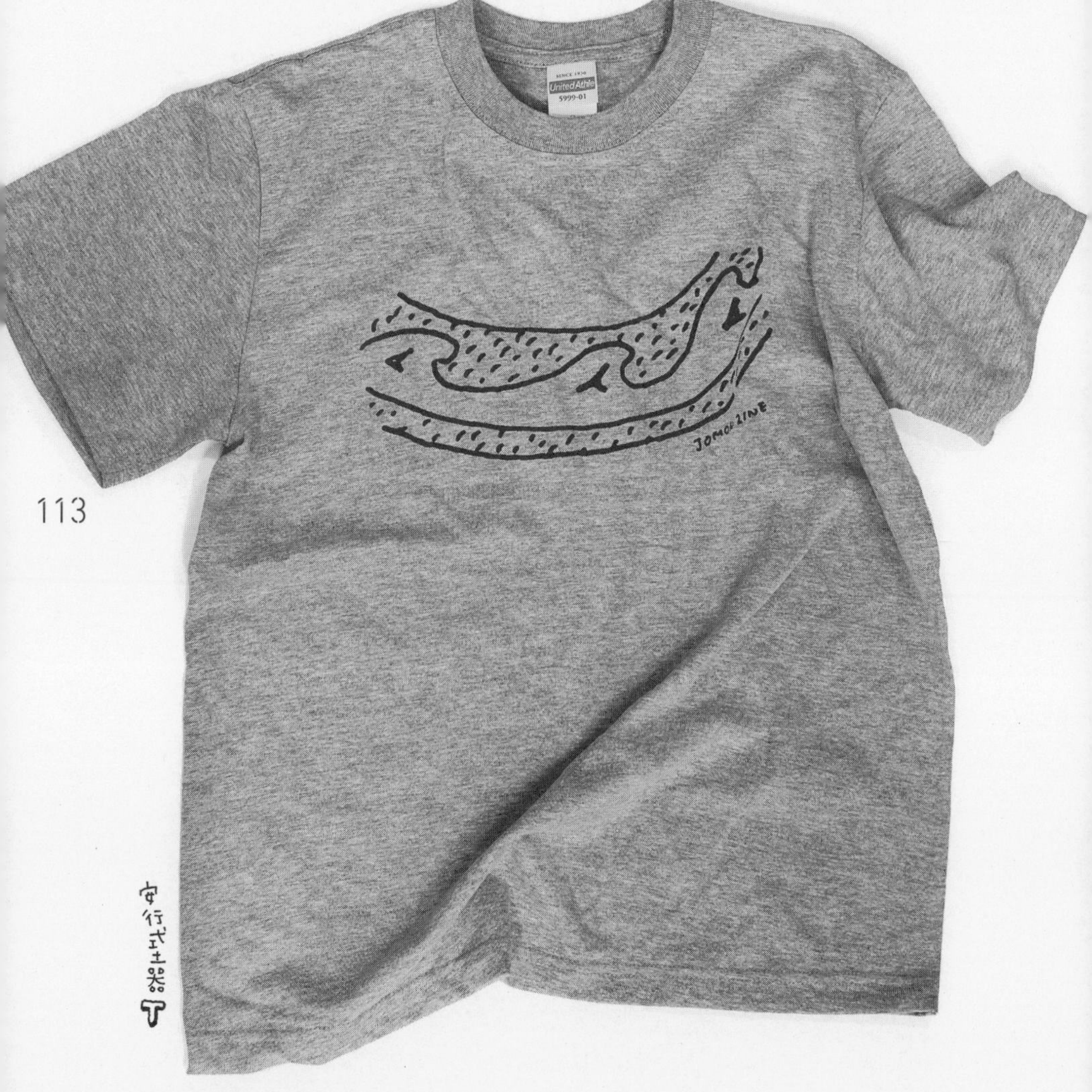

安行式土器T

A：じゃあ、ちょっと土偶のポーズしてみてくれない？　何でもいいけど、遮光器土偶のポーズをしてみようか。
B：ん、こう？
A：そうそう。なかなかいいぞ。じゃあ次はハート形土偶はどうだ。
B：こうか？
A：そう。上手いぞ。で、どう？
B：何が？
A：脇だよ脇。風通しが良いと思わないか？
B：ん、あ、あ！　脇が開いている。
A：そう。たいていの土偶は脇が甘いんだ！　風が通るだろ。
B：確かに！
A：ということで、わかったかなメガネ女子さん、これからは土偶のように脇を甘めに生活してみたらどうだろうか。風が通るしいつも脇はサラサラだよ。これが本当の土偶女子。はい貝塚。
B：おい！　乱暴すぎるよ！　それに最後の「はい貝塚」って、もしかしたら「解決」みたいに使ってないか？　いい加減にしろ！

土偶の脇が甘い
土偶の脇はなぜ甘いのか？大島直行『月と蛇と縄文人』の中での一項。ぜひご一読ください。脇汗を気にしたわけではない。確かにほとんどの土偶の脇は〝甘い〟。他にも脇のところに紐で吊るしていたからとの説もある。

遮光器土偶
目の大きくて一番有名なあの土偶。209ページの土偶。

ハート形土偶
コム・デ・ギャルソンのTシャツに、ハート形土偶そっくりなデザインがあるが、縄文ZINEでもハート形土偶をモチーフとしてTシャツを作成し、コム・デ・ギャルソンより安価で販売している。安い。

縄文人に相談だ ―― 45

友人がB-BOYになっていました

久しぶりに会った男友人がB-BOYになっていました。挨拶しようとしたら妙に手数の多い握手をし始め、さらには突然ラップで私のことをディスり始める始末。今は空前のラップブームなので、友人は素直に流行りに乗っかっているだけだと思うのですが、だいたいヒップホップ文化って絶対日本の風土にあっていませんよね。不良っぽくて怖いし。あーもう友達やめよっかな。

（C-GIRL、29歳会社員、女）

A：ヒップホップ文化ってほとんど縄文文化と変わらないよな。

B：おいっ、そんなことねえだろ、全然違うだろ、バカかよ！

A：バカはお前だ！

B：うるせえ！　理由を言え理由を。

A：多分さぁ、お前もC-GIRLさんもアメリカからやってきた異質な文化のようにヒップホップを見ているのかもしれないけど、日本の文化の一つの原点である縄文文化って実はヒップホップにすごく似ているんだよ。

B：あぁ？

A：いいか、ヒップホップっていうのは、ストリートギャング同士の抗争で暴力の代わりにダンスやDJ、ラップの優劣で問題解決をはかり人間同士の争いを最小限に抑えたんだ。これってすごく平和的で、いうならば「和」の思想ってこ

手数の多い握手

B-BOYの握手は手数が多く戸惑う人も多いだろう。これも小集団の数だけ独自の握手があるので恐怖である。

ヒップホップ

70年代のニューヨーク・ブロンクスで始まった文化。ラップ、DJ、ブレイクダンス、グラフィティなどがヒップホップ文化の代表だ。

となんだ。縄文時代は戦争のような争いはおこらなかった比較的平和な時代だっただろ、オレらの時代だってラップのフリースタイルバトルのようなアイヌのチャランケ（争いの当事者同士が皆の前で、話術を尽くし、時に韻を踏みリズムに乗せ、とことん話し合うことで紛争を回避する方法）のようなことが行われていたんじゃないかな。

B：そう言われるとチャランケはフリースタイルラップかもな。

A：それからもう一つ、ラッパーがよく使う「レペゼン」という言葉、これは地元を代表しているという意味だろ、彼らは地元愛の強さを誇り、地元に自分のルーツがあるということをものすごく主張するんだ。これもやはり地元の土器型式にこだわり、地元を愛し続けた縄文人に完全に重なるんだよ。

B：確かにラッパーはめちゃくちゃレペゼンしてくるよな。

A：確かにヒップホップの不良性は話しかけたら「小銭をせびられそう a.k.a. メイクマネーされそう」でなんだか近寄り難いところがあるのも事実だけど、ヒップホップ文化って縄文と同じで、平和を愛し、地元を愛している純朴な文化と考えたら、これからも仲良くやっていけるんじゃないかな。まあお前はワックな弥生野郎だから無理かもしれないけどな。

B：なんだよワックって、なんだか分からねえけど悪口なのはわかるぞ！　いい加減にしろ！

チャランケ
アイヌ社会における秩序維持の方法。簡単にいうと「とことん話し合う」。

レペゼン
代表するという「Represent」の意味。例：「オレはレペゼン、サカゼン、太ったやつはだいたい友達」

なんだか分からねえけど悪口なのはわかる
この言葉の代表的な使用例はもちろん北野武監督作品『BROTHER』でのセリフ「ファッキンジャップぐらい分かるよ馬鹿野郎」である。「ワック」の意味はもちろん「ダサい」である。

縄文人に相談だ――46

ワードもエクセルもなかったなんて……

縄文時代はパソコンとかなかったんですよね。ワードもエクセルもパワポもなかったんですよね。表計算とか、文書を作るときとかどうしてたんですか？　プレゼン用のスライド作るときは？

（原田ゲイツ、26歳会社員、男）

A：お前知ってる？

B：マイクロソフトのオフィスだろ、知ってるよ、エクセルにワードにパワポでしょ。パソコンソフトの三種の神器みたいなものだろ。職種にもよるけど、現代人はみんな使ってるよな。

A：それだったら縄文時代にも似たようなものあるよな。マイクロソフトオフィスの検定とか資格まである。

B：ねえよ！

A：土器に土偶に石棒。

B：おい！

A：ワードはやっぱり一番使用頻度が高いから普段使いの土器みたいなもので、エクセルは数を表した刺突文のある土偶があったりするから土偶でしょ、パワポはプレゼンツールだから神に再生をプレゼンする石棒。ほらね。

B：おい！「ほらね」じゃねえ！　まるっきり違うよ、無理やりすぎるだろ！

マイクロソフトオフィス

本文のとおり、オフィスのワード、エクセル、パワーポイントはあらゆる業種でスタンダードソフトである。しかし皆さんは知っているだろうか、日本版オフィスというべきジャストシステムの一太郎、花子、三四郎を。

数を表した土偶

秋田県の大湯環状列石（二つある環状列石のうち野中堂環状列石の方）で見つかった土版（土偶ではない）。彼のことはNHKで見たことがある気がする。他にも青森県の板状土偶に数を表したものがある。

スーパー・ササダンゴ・マシン

プロレスラー。笹団子のマスクマン。マイクパフォーマンスにパワーポイントを活用し、リングに革命を起こした。

A：そうかな〜、ほとんど同じだと思ったんだけど。

B：だいたいなんだよ神に再生をプレゼンするって、お前はスーパー・ササダンゴ・マシンか。いい加減にしろよな。

A：ははは、冗談だよ縄談。でもワードやエクセルが登場したのなんてつい最近だろ。それまでみんなワープロだったりそろばんだったり、その時代時代で一番「今」なものを使っていたってそれだけのことでしょ。マイクロソフトのオフィスだって時代が変われば使われなくなるかもしれないし。

B：確かにそうだよな。すぐに新しいものがやって来てそのポジションに取って代わる。

A：マイクロソフトにも頑張ってほしいよな。諦めないでさ。そういや、確か安西先生がいいこと言ってたんだよな。

B：誰？

A：「諦めたらそこで縄文時代終了ですよ」って。

B：おいっ！　それをいうなら「諦めたらそこで試合終了ですよ」だろ！　『スラムダンク』の安西先生の名台詞じゃねえか。

A：安西先生、縄文時代がしたいです……。

B：おいっ、そりゃ「安西先生、バスケがしたいです」だろ！　わけの分からねえ引用するな、『スラムダンク』は名作漫画なんだからすげえ怒られるぞ！　とにかくそんな話してねえだろ！　いい加減にしろ。

毎日同じコンビニで同じもの。私、絶対あだ名つけられています

毎日2回、同じコンビニで、同じ店員から、袋入りのサラダとソイジョイとボトルコーヒーを買うのですが、あだ名をつけられているんじゃないかと思い心配です。せめてかわいいあだ名だといいんですが……。あっ、たまにユンケルも買います。

（もっちゃん、26歳、女）

A：確実につけられてるね。

B：そうだろうな。

A：「サラダガール、ソイ・ジョイ」

B：わるくないね。韓流アイドルのキャッチフレーズのようだ。

A：五郎丸やイチローみたいにルーティンが決まっているから「ルーちん」

B：かわいいな。

A：ユンケル買った日は「ユンケペンデンス・デイ」とか小声でこそこそ言われて。

B：「インデペンデンス・デイ」みたいに言うな!

A：縄文時代にコンビニはないんだけど、あったら何売ってるんだろうね、黒曜石とか土版とか、カラムシにニワトコとかかな。あっもちろんどんぐりも。

B：コンビニっていうより問屋みたいだな。もっと購買意欲の高まる感じにでき

ルーティン

必ず決まった手順で何かをやること。五郎丸やイチローのようにアスリートが注目されたけど、各ジャンルで実践している人も多い。より結果の出る一連の動作、これも一つの呪術的行為かもしれない。

インデペンデンス・デイ

96年のアメリカのSF超大作映画。独立記念日という意味。頭を空っぽにして楽しめる映画。ウィルスミスがエイリアンを素手で殴る。

ない？

A：黒曜石は「ブラックサンダー」、土版を「アルフォート」って名前にしたら売れるかもな。

B：歯が欠ける人が続出しそうだな。

土偶

山梨県上小用遺跡、縄文中期後半

縄文人に相談だ——48

保育園のことが心配です。子どもはいませんが

私は東京に住む22歳のうら若き女の子です。まだ結婚もしていませんし、子どももいません、もちろんどちらも予定はないのですが、もし自分に子どもができたとしたら、保育園のことが心配でしょうがありません。私も「保育園落ちた日本死ね」とネットに書き込むことになってしまうのでしょうか？

（なう、22歳、女性）

A：そうだよね心配だよね。

B：その前に、なうさん気が早すぎだよ！

A：でもこの「保育園落ちた日本死ね」って言葉のリズムがいいんだか悪いんだ

かわからないけど、妙に頭に残るよね。しかもこの匿名の書き込みが国会質問で取り上げられたりして結果的に国政に少なからずの影響を与えたっていうんだからすごい。

B：確かにね。匿名だけど同じ思いをしている人がたくさんいたんだろうな。色々な人が誰かの言葉をツイッター上でリツイートして連鎖していくのってもしかしたらすごく縄文的なことかもしれないしね。

A：いわゆる現代の口承だからな、リツイートって。

B：ははは、確かにそうかもね。

A：で、最終的には流行語大賞のベストテンにノミネートされるまでなったんだよな。完全に社会現象になった。

B：それについては批判もあったりしたけど、お気楽なギャグもいいけどこういうのだってあった方がいいよな。

A：「土器割れた日本死ね」

B：おい！　何だいきなり！

A：「どんぐり拾った日本死ね」

B：やめろ！　お前、流行語大賞狙ってんだろ！　意味わかんねえよ！

A：「縄文時代終わった日本死ね」

B：また終わっちまったよ！　いい加減に貝塚に送るぞ！

匿名

英語で「anonymous」。国際的なハッカー集団の名前でもある。アメリカ映画で製作者が何らかの理由でクレジットに名前を入れたくない時に使う名前は「アラン・スミシー」。最近では使われていない。

A：いやあたくさん悩みを聞いたねぇー。
B：お前、全然まともに答えてねえだろ！　めちゃくちゃ言ってたぞ、弥生爆発しろとか、はい貝塚とか。
A：しょうがねえだろ、こっちはみのさんでも江原さんでも織田無道でもないんだから。
B：全部胡散臭いだろ！
A：ははは、冗談、縄談、縄の談と書いて縄談。
B：縄談っていうのも、もういい加減しつけえよ！
A：大切なことは何回でも言うんだよ。
B：これのどこが大切なんだよ！　誰も笑ってねえよ！
A：えっ誰も……。
B：とにかくこれでこの本のオレたち縄文人A、Bのコーナーは終わりだからな。
A：本当に誰も笑ってなかったのか……。
B：おい！
A：……。
B：最後にお前が悩むな！

俺たち縄文人
なかなか来ないね
オレ、思ったんだけどさ
ウサギってかわいいよね

やめろよ、
今狩りに来てるんだぞ
ウサギだって獲物だろ
びっくりした時に
背筋がピンとなるところが
いいよね
わかるー
オイヤメロ
名前つけてみようか
いいね
ヤメロ
名前をつけるのが
一番ダメだ!!
うさお
いいね
ヤメロ
メロディ
いいね
私のメロディ
ヤメロ

124

おー
もこもこ
うさうさ
みみちゃん
オイ
ふわふわ
ピーターくん
ÜSA
ヤメロ
うさ丸
悪くない
エグザイル?
なんか狩りするのかわいそうになっちゃったよ
ほらみろ
でも狩りしないとみんな困るし
バカなんだよ
悩むな…
はあ
どうしたらいいと思う?
考えるのをやめろ!
ビシ
ガサガサ
シッ!来たぞ!
スチャッ

ガサガサ
……
3 2 1…
ギリギリ…
うさうさ!
逃げてー!
うわっ
バッ

ぬっ
ぴょん

狩りは楽しい。

漫画◎望月昭秀+前田はんきち

3 縄文人に相談だ

岩手県大船渡から出土の土偶の頭部。斜めにキャップをかぶって、イカした顔をしているが、左側は欠けているだけのようだ。

岩手県上鷹生遺跡、縄文後期

make some noise!

みんな、さわげ〜!

縄文人に相談だ――49

ブログのせいで睡眠時間がありません

映画ブログを書いています。書き続けていたらラジオで大好きなジャン＝クロード・ヴァン・ダムについて語る機会もあったりして、つくづくブログを続けてきてよかったと思っています。

悩みは、ブログを書きはじめた当初に比べて仕事でも家庭でも私の役割が大きくなり、ブログを書くことで、眠る時間がまったくなくなってしまったということです。このままでは身体が持ちません。

（三角締め、ブロガー、男）

ブログは現代の貝塚です

現代の、その中でももっとも現代的な貝塚はネットの中にあります。さらにその中でも個々人やグループの記録が時系列となって積み重なっている「ブログ」こそ、まさに貝塚の様相を呈しているのではないでしょうか。貝塚とは単なるゴミ捨て場ではなく、送り場でもあったということは❶の相談でも述べていますが、三角締めさんのブログ、つまり貝塚は、三角締めさんだけではなく、たくさんの読者が、数々の映画を昇華させるための「送りの儀式」をする場になっています。この世界で作られたものは、すべてはいつか森に還っていきます。そして、数々のジャン＝クロード・ヴァン・ダム映画を三角締めさんがしっかりと森に送っていたことを読者は知っています。

一ファンとしてブログの更新を楽しみにしていますが、無理をする必要はありません。縄文時代の貝塚だって、人が減ったり貝が採れなかったりすれば、積み重ならなかった時期もありました。貝が積み重ならなかった事実だって、考古学的には立派な記録です。ブログという貝塚は三角締めさんの映画生活の痕跡なのですから、忙しくて書けないときは書かなくたっていいんです。

三角締めでつかまえて
三角締めさんのブログ。主に映画の感想など。男っぽいが湿っぽく、情緒が最高である。ググってぜひ読んで欲しい。

タマフル
TBSラジオ、土曜日の夜の人気番組「ライムスター宇多丸のウィークエンド・シャッフル」。この番組で三角締めさんはヴァンダム愛を炸裂させた。

ジャン＝クロード・ヴァン・ダム
ベルギー出身のアクション俳優。当時の筋肉俳優には珍しく細身の体型。元祖細マッチョ。頻繁に開脚する。

縄文人に相談だ――50

草食系男子です。全然モテません

僕はいわゆる草食系男子です。全然モテません。もちろん、積極的に女性にアプローチをかけたりもできませんし、髪型もメガネもほとんど星野源と一緒なので、「典型的」草食系男子です。

でも、そもそも日本人っておとなしい農耕民族なわけですから「草食系」なのはしょうがないですよね。はぁ、こんな僕でもいつかは彼女ができたりするんでしょうか。あっ、縄文人は狩りとかするいわゆる「肉食系」でしたっけ。いいなぁ、イケイケなんだろうなぁ。

（週3日しか開かないパン屋、26歳、男）

農耕民族がおとなしいって？ そんなことねえし

稲作を生業とする農耕民族はおとなしくて、狩りをしている狩猟採集民族はイケイケだ。

もしそんなふうに思ってるなら、それは大間違いです。縄文時代が争いのまったくないユートピアみたいな時代とも思ってもいませんが（少しは思っています）、稲作をはじめた弥生時代以降、人と人との争いは飛躍的に増えてしまいました。暴力は権力と体裁を整え、大きな勢力や小さな勢力を潰し、やがて大きなクニとなっていきました。稲作＝草食系のイメージなのかもしれませんが、農耕民族は別におとなしくも優しくもないんです。

週3日しか開かないパン屋さん、あなたがもし本当に優しくておとなしい草食系男子なら、むしろ狩猟採集民である縄文の血筋がそうさせているんじゃないでしょうか？　いや、そんなことどうでもいいや。自分をカテゴライズして納得するより、気になっている女の子にＬＩＮＥのひとつでも送ってください。

星野源
前ページのラジオ番組「タマフル」に「スーパースケベタイム」という名前で投稿していた。

縄文ユートピア論
70年代80年代は縄文時代の発掘調査が進み、彼らが漆などの高い技術を持っていたことがわかり、かつ争いが少なかったことから、縄文ユートピア論が盛んになります。それまでの文化の行き詰まりイメージのカウンターとしての側面もあったのかもしれません。

クニ
弥生時代、土地の権益をめぐり争いが起こる中、「クニ」と呼ばれる有力集団が各地でできはじめた。困ったもんですね。

週3日しか開かないパン屋
東京から田舎に引っ越した若い夫婦が目標にしている業態。毎日やってほしい。

縄文人に相談だ――51

仕事の締め切りがまるで守れません

遊びの約束は守れるのですが、仕事の締め切りが守れません。むしろ締め切りが過ぎてからじゃないと仕事がはじめられません。この前なんて、「時間を守らない」で有名なインド人に、「マツはもっと時間を守らないとダメだよ！」と怒られたくらいです。でも、縄文時代だってそんなにきっちりしてないですよね？　現代人ってセコセコして嫌ですね。

（マツ、36歳、男）

締め切りが守れないのは、「現代病」です

マツさんは、縄文時代は時計やスケジュール帳もなかったから、きっと時間や約束にもルーズだろうと思っているようですね。でも、そんなことはありません。今も昔も、約束は人と人をつなげる唯一のルールだからです。今ならカレンダーやスケジュール帳を見てデートの約束や仕事の締め切りなんかを決めるところ、きっと縄文時代はこんなふうだったでしょう。たとえば遠くのムラ同士の、何かの連絡やモノの交換などの約束です。

――イワキ山に雪がなくなり、麓のあの花が咲きはじめる頃、太陽が下がりはじめた時間に、あの三本栗の木の下で。

では、もしこの約束通りに三本栗の木の下に行けなかった場合はどうなるでしょうか。

そうです、約束を守れなかったら、次の約束もできないわけですから、彼らはこれからもう二度と会えないかもしれません。たった一回約束を

締め切り

『〆切本』（左右社）という書籍がある。作家たちの締め切りに対する悲喜こもごもを集めた書籍だ。個人的には社会学者の大澤真幸さんの項が素晴らしかった。「〈終わり〉が間近に迫っているという危機感が、知に、勇気ある飛躍を促し、ときに驚異的な洞察をもたらすのである。」金言ここに極まる。

時間を守らないインド人

インドを旅行するとなにもかもが予定通りに進まない。電車は平気で何時間も遅れるし、頼んでおいたことや約束したことなども時間通りにはいかない。まるで綿密な予定を立てたこちらの人間性が小さいかのようにも思えてしまう。

破っただけで取り返しのつかない事態になったかもしれません。だからこそ、約束は「守るべきもの」とされていたのです。今みたいにメールやLINEで「ちょっと遅れるー」とか「ごめん、来週の予定だけどさ、リスケできない？」とか、「場所を原宿のGAP前に変更ね」なんて簡単に連絡できませんからね。

もちろん、時間の流れ方は今よりゆっくりだし、正確さにはもっと幅があり、かつ辛抱強い彼らのこと、今日会えなければ明日も明後日も三本栗に行ってみたりしたことでしょう。でも、相手にそんなことをさせてしまうと思ったら、軽々しく約束を破ったりはできませんよね。

マツさん、締め切りが守れないのは、便利な時代ゆえの「現代病」です。

LINE
無料通話・メールアプリ。最近仕事の連絡もLINEでくることがあるんですけど、あれなんとかなりませんか。

辛抱強い彼ら
勝手な印象ですが、多分辛抱強いですよね。この時代、何をやるにも時間がかかるし。

しだないさん

盛岡市の萪内（しだない）遺跡で出土したこの仮面をかぶった土偶頭部は「しだないさん」という名前でキャラクター化されています。（おそらく）この土偶の腕、脚も出土していて、頭だけでなく全身像だったと考えられている。その場合身長1m以上あったと推測され、間違いなく日本一の大きさだったようです。胴体が見つかっていないのはその大きさゆえに焼成時にきちんと内部まで火が通らず生焼け土偶になってしまいもろく、残らなかったのではと思われている。もうっ。

岩手県萪内遺跡、縄文後期中葉

縄文人に相談だ――52

知らない人とついうっかり寝てしまいました

お酒が大好きです。お酒の席が大好きです。で、今日、酔った勢いで知らない人とついうっかり寝てしまいました。というか全然記憶がありません。朝起きたら隣に知らない男が寝てました。誰ですか、この人。

(飲み過ぎジョニ子、25歳、女)

定期的にうっかりしていませんか？

飲み過ぎジョニ子さん、あれ、さっきも相談してませんでした？　気のせいかな……。

うっかりは誰でもありますが、今回のうっかりは、うっかりの中でもかなり問題のあるほうのうっかりですね。縄文時代の子作りは、基本的には子孫繁栄のためのものです。いろいろな形があったと思いますが、ムラの中だけでの婚姻はあまりよいことではないので、なるべく血が濃くならないように定期的にムラの外から男を入れていたり、ムラの外に嫁いでいったのではないかとも想像できます。証拠はありませんが、もしかしたら夜這いの風習なんかも元々はそういうことなのかもしれません。

あ、でも今回はただのうっかりでしたね。偏見かもしれませんが、もしかしたら定期的にうっかりしていませんか？　計画的うっかりの疑いを感じます。ところで誰ですか、その人。

土製品もある

めちゃ小さい石棒
2.5cm、ほぼ原寸大

うっかり
大多数の物語は誰かの「うっかり」から始まる。そう考えると「うっかり」ってワクワクしてきませんか？　えっ、しない？

夜這い
古くは万葉集にも記述があり、戦後まで残っていた場所もある。古くからあるといっても、あんまり良い風習じゃないですよね。

海外で働き、語学力を身に付けたい

私はカメラマンなんですが、語学力を高めるためと建築写真を学ぶために海外の設計事務所で働こうと計画を立てています。建築写真はもちろん、海外で働き、仕事で使えるくらいの語学を身につければ確実に仕事の幅も広がりますし、私自身の刺激にもなります。

ただ、やはり不安もあります。今は語学力も微妙ですし、上手くいくかもわかりません。順調な日本での仕事を一旦やめることや、恋人と距離ができてしまうことも怖いです。それでも海外、行ったほうがいいのでしょうか。

（にほ、30歳カメラマン、女）

「通過儀礼」という風習がありました

縄文時代に限らず、世界中の狩猟採集民の中には「通過儀礼」という風習がありました。これは大変に困難だったり、著しい痛みが伴ったり、時には命の危険もあるような行為で、でもそれを経た「子ども」は「大人」として社会に迎えられるという、非常に重要な儀式でした。逆に言うと、「大人」になるためには、困難に立ち向かい乗り越えたという実績と実感が必要なのかもしれません。

現代社会で普通に暮らしていたら、そのような「通過儀礼」を体験することはほとんどありません。でも、もし「大人」になりたいなら、大人の実感を手にしたかったら、自らの意思で自身に「通過儀礼」を課さなければならないのだと思います。

にほさんは、たとえ困難であっても自分にとって必要な挑戦（儀式）を選ぼうとするなんて、現代人ながら縄文イズムを理解していますね。その選択、縄文人として応援します。

通過儀礼

イニシエーション。縄文時代には（地域によるが）抜歯が行われていたようだ。それも特に根が深い犬歯を抜いていた。麻酔もないだろうからとんでもない痛みがあっただろう。個人的にはこんなことやるくらいなら子どものままでいいです。

成人式

現代で形骸化した成人の儀式が成人式だ。成人式が荒れるのは、もしかしたら自ら困難に立ち向かおうとした証拠なのかもしれない。

壊れた水差し、新しいのを買おうかな

海外旅行で、ちょっと素敵な陶器の水差しを買ったんですが、どうやら帰りの飛行機で把手の部分が割れて取れてしまったみたいです。家に帰ってから気づいたので航空会社に文句も言えず、結局泣き寝入りです。でも。この全然使わないうちに壊れちゃった水差しどうしましょう。直して使うのもいいんですが、きれいに直るかどうか……。そんなに高いものでもないので、捨てちゃって新しいのを買おうかなぁ。

（ポリリズム、31歳、女）

その道具と何も一緒に成し遂げていない

まだ使ってない道具を捨てちゃダメですよ。綺麗に直せなくても、直して使えるなら絶対そうしたほうがいいです。縄文時代の道具は壊れたらアスファルトでくっつけたり、穴を開けて紐で縛って直したり、そう簡単に捨てたりはしませんでした。まだモノの寿命がきていないと彼らは考えたのじゃないでしょうか。せっかく自分たちのところにやってきたのに、その道具と何も一緒に成し遂げないうちに森に返すのは、まだ時期尚早だ、と。

直せば使えるのなら、ポリリズムさんもその道具と最後まで付き合ってみたらどうですか？　使えなくなるまで十分に使って、道具にもいい思い出ができたら、捨てるんじゃなく、「森に送ってあげる」という気持ちでゴミ箱に送ってあげてください。

首の付け根にアスファルトの修復痕が見られる土偶。
秋田県大湯環状列石、縄文後期

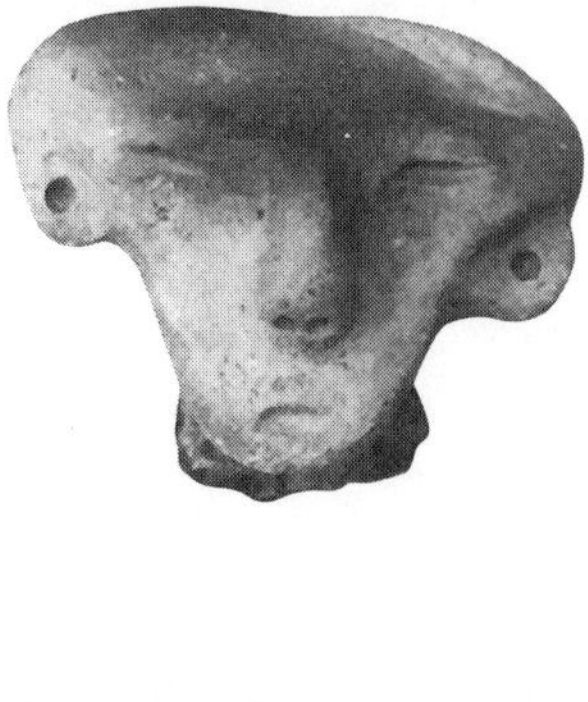

アスファルト
縄文時代は天然のアスファルト（秋田や山形、新潟が産地だった）を接着剤のように使っていた。壊れた道具を直したり鏃などの接着に。

紐で縛って直す
壊れた土器に穴を開け、紐で縛りもう一度使うこともあった。MOTTAINAI。

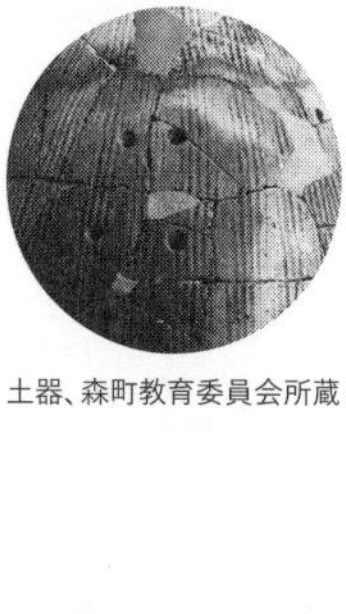

土器、森町教育委員会所蔵

縄文人に相談だ――55

10人の友達に相談してみたら12人から反対されました

実は今、告白されて付き合おうと思っている人がいます。その彼、本当にカッコいいし、すごく優しいんですが、どうやら噂だと結構な遊び人みたいで……。不安になり、その彼と付き合うことを10人の友達に相談してみたら、12人から反対されてしまいました。やはり彼とは付き合わないほうがいいのでしょうか？

（J、33歳、女性）

多数決が常に正しいとは言いませんが……

計算が合わないのはさもありなん。その彼、よっぽど明らかなダメンズなんでしょうね。Jさんの友達は、どうしてもその彼とJさんのお付き合いに反対したくて、自分の彼氏や友達にも反対の声を上げてもらったんでしょう。多数決が常に正しいとは言いませんが、120％の反対は、友達の意見が正しいと断言してもいいのではないかと思います。

そして、残念な予測ですが、そんな友達＋2の真っ当な意見を聞いても、Jさんは多分その120％男さんとお付き合いをはじめるのでしょう。

縄文時代にも、見た目にはちょっと食べられそうではないんだけど、かなりいい匂いがする木の実があって、「食べれるか食べれないかはっきりしないけど、もう食べちゃえ！」と試した猛者が、あるときは「いける」と言ったり、またあるときは泡吹いて倒れたり。僕たちはそうやって食べられるものの幅を増やしていたんだよな。って、そんなことをJさんの話を聞いて思い出しました。

ダメンズ
ダメな男。漫画家倉田真由美の造語。雑誌SPAでの連載『だめんず・うぉ〜か〜』が最初。倉田真由美は稀代のダメンズと結婚。拍手。

120％男
「君は1000％」とはカルロストシキ&オメガトライブですが、プロレスラーの安生洋二は一時期200％男と呼ばれていた。インフレはこれ以上は進まなかった。

食の挑戦者
とにかくいろんな種類のものを食べていた彼らですが、世の中には「危ない」食べ物もたくさんありました。キノコや野草には毒のあるものも多く、海にはフグのような猛毒を持っている生き物だっていました。絶対何人か犠牲になってその危険性を後世に伝えていったんでしょう。

縄文人に相談だ――56

私が好きになる人は、毎回、だいたい、既婚者です

私が好きになる人は、毎回、だいたい、いつもこんな調子で既婚者です。もちろん私は独身ですが、言い寄ってくる人も、私から好きになる人も既婚者ばかりです。こんな恋愛ばかりしても発展性がなくて嫌なのに。もしかして私、不倫の星の下に生まれたんでしょうか？

（スピード、28歳、女）

縄文人に相談だ――57

このままだと会社の後輩の女の子と不倫をはじめてしまいそう

妻も子どももいるのですが、会社の後輩の10歳年下の女の子を好きになってしまいました。彼女も私に好意があるようで、飲みに連れていってほしいと何度かＬＩＮＥももらっています。家庭はもちろん大切で、妻

ミュータントタートルズに似ている土偶。本文とは関係がない。

出土地不明、縄文晩期、青森県立郷土館蔵、風韻堂コレクション

とは仲も悪くないですし、離婚はまったく考えてはいないのですが、妻とはセックスレス。このままだと、その後輩の女の子と不倫をはじめてしまいそうです。

（オジケン、40歳、男）

縄文人に相談だ――58

同僚に既婚者同士の不倫カップルがいます

会社の同僚に既婚者同士の不倫カップルがいます。本人たちはバレていないと思っているようなのですが、社内ではもう知らない人はいないくらいの共通認識ができあがっています。最近では二人のインスタの裏アカが発見され、どこに泊まっただの、どこでご飯を食べただの、社内中に筒抜けになっています。このままではお互いの家庭に知られてしまうのも時間の問題のように思えるのですが、本人に言ってもしょうもないことだし、ほっといています。あー、でも絶対モメるなー。

（ゲスナー、27歳、女）

不倫カップルのみなさん、バレない不倫はありません

縄文時代の不倫について、わかっていることはほとんど、いえ、まったくありませんが、不倫などの隠れて行う不貞行為には「森が見ている（❼の相談）」というある種の心理的ブレーキがかかっていたはずです。現代ではそのような倫理観は薄れつつあり（そもそも倫理レスの状態を不倫といいますね）、そこそこオープンに不倫を楽しんでいる男女が多いように感じます。

でも、よく考えてみてください、現代では森の目が届かないかわりに、SNSという監視ツールがその一挙手一投足を見守っています。それに、SNSをやっていなくても、調べようと思ったらいくらでも調べられますし、必ずいつかは嘘にスキやほころびがちらほら出てくるものです。専門の探偵だっているんです。

不倫カップルのみなさん、断言しておきます。バレない不倫はありませんよ。いや、もうバレていますよ。

不貞行為
不倫。十分離婚理由になる。

専門の探偵
どんなに用心しても探偵に張り付かれたらバレますって。それにしても「探偵」って憧れの職業だったのに……、浮気調査ばっかり。

文春砲
『週刊文春』の繰り出すスキャンダルのスクープのこと。文春にだけは睨まれたくないと思っている芸能人は多いだろう。何もなかったとしても、もしLINEを晒されたら誰だってしばらくあったかい国に逃げたいと思うはずだ。

友達 家族

縄文時代になかったもの

コラム——4

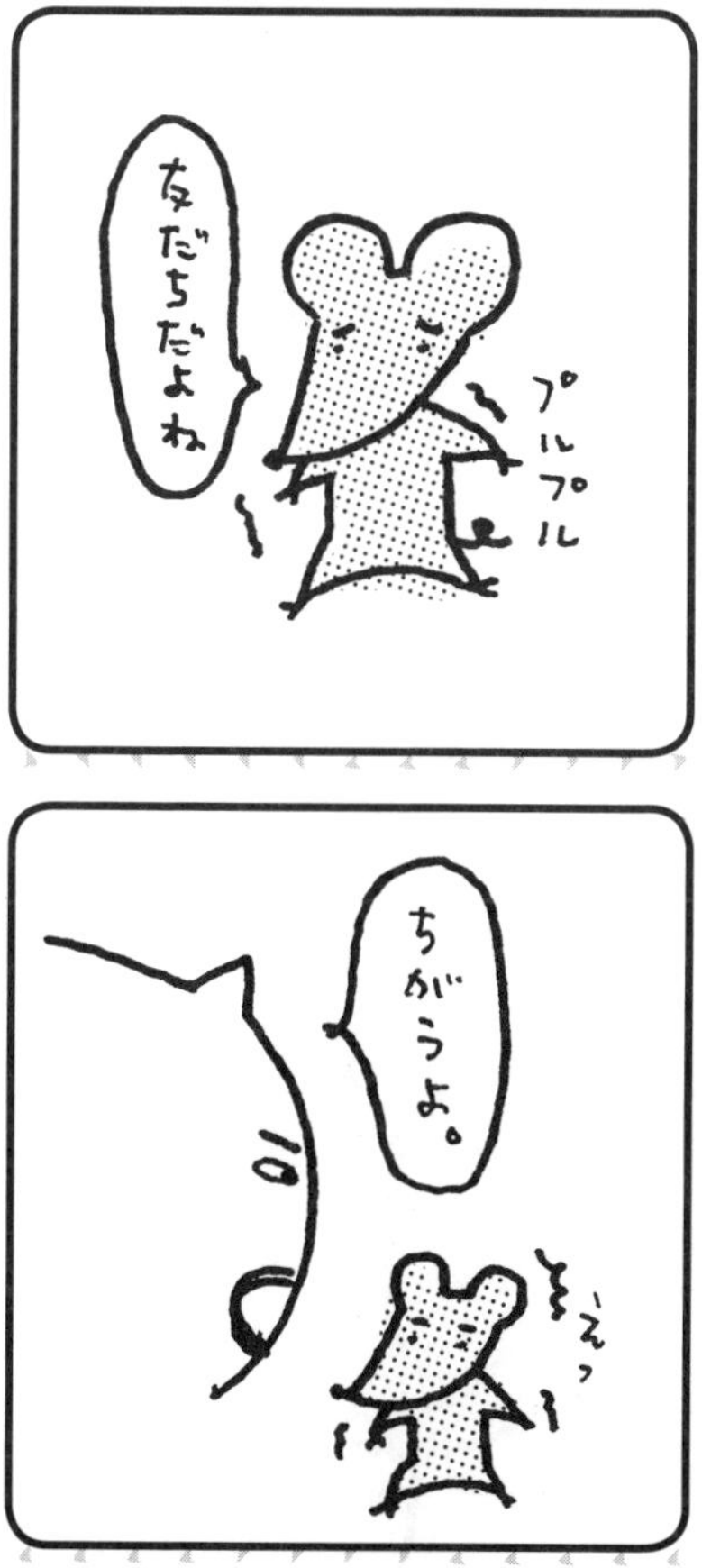

もしかしたら縄文時代と現代とで一番違うのはこの概念かも知れません。

もちろんはっきりしたことがわからないこの時代、軽々しいことはいえませんが（散々軽々しくいっておいてなんですが）、現代人の考える「家族」や「友達」と、縄文人の考えるそれらはずいぶん違っていたのではないでしょうか。

彼らはムラという非常に緊密な共同体の一員でした。そのさらに大きな括りとして拠点集落を中心としたまとまりがあり、さらに文化を共有する（同じ土器文様を共有する）文化圏という共同体がありました。心理的にはもう少し広げても良いかも知れません。

共同体という結びつきのある彼らにとって家族という単位はあまり意味がなかったかもしれません。乳幼児死亡率の高い時代、子育てはムラ全体でやっていた方がいろいろと都合がよかっただろうし、父親はムラの中にいなかったかも知れないですし※。家族と共同体、どちらがどうというわけではないのですが、案外どちらも結びつきやその思いの強さはそれほど変わらなかったかも知れませんね。

友達という概念も同じ理由で生まれにくいかもしれません。何しろまわりは全員、同じ共同体の一員なのですから。

※近親婚のタブーの存在はいつからかはわかりませんが、小集団での生活の長かった旧石器を経て、縄文人は経験的に近親婚のリスクを承知していたかも知れません。

縄文人に相談だ――59

女らしさを出すのが苦手です

悩みは、女らしさを出すのが苦手なことです。私に一番似合わない言葉は「お泊まりディズニー」。私に一番似合っている言葉は「ネギ塩豚丼（アタマ大盛り）」。でも、これじゃいつまでたってもモテません。どうしたらいいですか。

（タナカ、25歳、女）

タナカさんは縄文時代でもモテません

縄文時代には、男女の仕事がはっきりと分かれていたようです。多分、「男らしさ」や「女らしさ」が、土器作りみたいな「女性としての仕事」を上手にできたり、狩りなんかの「男性としての仕事」をしっかりできたり、というところに表れていたんでしょうね。

もし狩りをしたい女性、土器を作りたいと思う男性が現れたらどうなっていたんでしょうか。きっとそういう人もいたんだと思いますが、男女の役割分担はそう簡単に乗り越えられるようなものではなかったでしょう。縄文時代、意外とルールには厳格ですから。

そう考えると、残念ですがタナカさんは縄文時代でもモテないようです。

でも考えてみると現代の女らしさってなんでしょう。お化粧が上手いこと？　ワンピースを着こなすこと？　ディズニーが好きなこと？　おちょぼ口でこぢんまりとした料理をちょぼちょぼ食べること？　本当にそんなことなんでしょうか？

男女の仕事

縄文時代は現代よりももう少しシンプルに男女の性差で向いている仕事を分担していたのだろう。

民俗学的な類例から土器作りは女性の仕事といわれているが、あの造形は男性でないとできないのではと考える人も意外と多い。個人的にはその発想にはあまり賛成できない。造形力に性差は関係ないのだ。

本当の女子力

タレントの藤岡みなみさん曰く、「縄文は本当の女子力が強い」。子どもを守る力や生きる力を「本当の女子力」と言い換えた言葉だが、名言だと思う。

縄文人に相談だ――60

友達がなかなか就職しません

かつてのバックパッカー友達がなかなか就職しません。30代ももう半ばに差しかかりつつあるのに、彼は相変わらず就職せず、日本で半年間アルバイトをしてお金を貯め、半年は地球のどこかに旅立っていきます。

私も似たような生活をしていましたが、30歳を機に就職をして、今は差をつけられてしまった大学の同期に追いつこうと必死です。彼にも口を酸っぱくして「そろそろ就職しないとあとが大変だ」と言っているのですが……。

（深夜特急、34歳、女）

寅さんは決して稲作をしません

映画『男はつらいよ』で主人公の寅さんは、シリーズを通して周りから「稲作しろ」、「稲作しろ」と言われつづけますが、（一瞬、稲作はじめたこともありましたが）寅さんは決して稲作をしません。なぜ稲作しないのかといえば、それが寅さんの生き方だからです。どんなに時代遅れでも、自分らしい生き方を貫く寅さんの姿に、観客が憧れや懐かしさのようなものを感じるからこそ、48作もシリーズが作られるほど愛されたんだと思います。

深夜特急さん、その友人は深夜特急さんの選べなかった人生を選びました。それでいいじゃないですか。現代は、稲作をすることが当たり前のようになっていますが、生き方はそれだけではありません。自分で自分の生き方を選べる友人をもっと誇りに思って、彼の土産話を楽しみにしましょうよ。

あっ、ここでいう「稲作」は比喩ですよ。

深夜特急
沢木耕太郎の紀行小説。ある年代のバックパッカーはみんな読んでいた。テレビ番組『電波少年』のヒッチハイクの旅もこの小説の影響が大きい。

男はつらいよ
フーテンの寅さんを主人公にした国民的劇映画のシリーズ。全部で48作品。

一瞬稲作はじめる
実は寅さんも就職をしたことがある（望郷篇）。残念ながら失恋とともに元のテキ屋稼業に戻って行くのだが……。東北の縄文人も弥生時代になってもしばらくは素直に稲作を受け入れられませんでした。一度やってみたけどやめてしまったという例も。あと寅さんは就職試験を受けたこともありました（寅次郎紙風船）。落ちましたけど。

僕は断然新しいもの派。テクノロジー大好き

懐古趣味の人っているじゃないですか。その感覚がよくわからないんですよね。僕は断然新しいもの派。テクノロジー大好き。だって、新しい技術を考えたり、古いものを改良したり、手に入れやすくしたり、そういう努力の結晶が新しいものじゃないですか。テクノロジーに対するアレルギーのある人ってどうかと思います。でも、こんなこと縄文人さんにいうのは間違ってますね。みなさん土器ですもんね。

（ビル、22歳、男）

そのスマホが今から3000年後に発掘されたとして、それ、使えますか

新しいものにはなんでもアレルギー反応を示す人っていますよね。ビルさんのいう通り、そういうのって、発展性がないっていうか、保守的で、あんまりよくないと思います。

縄文人だって、古い時代を生きていたというだけで、特別懐古趣味ってわけじゃありませんでしたし。

でもビルさん、どうやらすごくテクノロジーを信頼しているようですが、テクノロジーって、ビルさんが思うよりも移ろいやすいもので、不安定なものだと思うんです。それもそのはず、現在進行形で更新され続けるのがテクノロジーですから、今日新しいものも明日には古くなって、書き換えられて使い物にならなくなる可能性だってあるんです。

スマホ
スマホの代表といったらアップル社のiPhoneがまず最初に思い浮かぶだろう。そのiPhoneですが、何かに似ていると思わないだろうか。そうです、黒曜石です。バージョンをアップするたびに質感がどんどんガラス質の黒い石、黒曜石に近づいていっています。黒曜石で作られた「石器」は、人類が最初に手にした「ツール」の一つ。iPhoneはやはりそこを目指していたんですね。

アレルギー反応
新しいものにアレルギー反応を起こす人って、やはりちょっと保守的なのかもしれませんが、多かれ少なかれ誰しも変わることは怖いもの。こういう反応は正常な防衛本能なのかもしれませんね。

もしビルさんの使っているそのスマートフォンが今から3000年後に発掘されたとして、それ、使えますか？　15年前に使っていたパソコンを会社の倉庫から引っ張り出してきたとして、それ、使えますか？　20年前によく使われていたMOディスクやフロッピーディスク、今となっては読み込むための機器がどこにもないんじゃないですか？　それに比べて縄文時代の石器や土器、何千年もたって壊れている部分はあっても直せば今だって十分使えるはずです。

石器や土器は大げさですが、古いものだってそんなに悪くないかもしれませんよ。

MO／フロッピー

時代によって記憶媒体は移り変わる。この二つの記憶媒体はだいたい80年代～2000年のはじめくらいまで使われ続けていたのだが……、今では姿を見ることはほとんどない。テクノロジーほど古いものに残酷なジャンルはないだろう。子どもの写真をとにかく大量に撮る世のお父さんにお母さん。その写真データ、どうしてますか？　10年後に見られるかどうか正直わからないですよ。

土偶のいた風景

弘南バス亀ヶ岡バス停◎青森県つがる市

縄文人に相談だ――62

オフィスがフリーアドレス。まるで機能していません

オフィスが最近はやりのフリーアドレス（社員が個々に決まった机を持たないオフィススタイル）を導入したのですが、まるで機能していません。人によってはいつも決まった場所で作業をして、そこに誰かが座ることを許さなかったり、いつも決まったグループで固まったり、縄張り争いに負けてしまいには会社に出てこなくなる社員まで出る始末。もちろん上手く利用している社員もいるにはいるのですがこういうのってやっぱり日本の風土に合わないんですかかね。

（ビジネスマン猿、29歳、男）

縄文時代以来ヒトは場所に愛着を持って生きてきました

実はオープンオフィスって賃料の高い日本生まれのスタイルなんですよ。知ってました？

それは置いておいて、これって新しいスタイルなんかじゃなくて、定住をしていなかった旧石器時代スタイルなんじゃないかと思います。オフィスの超原点回帰。縄文時代に定住という概念を獲得した僕らは同時に縄張りという場所に対する「欲」のようなものを手に入れ、弥生以降はそれがさらに進んで土地を開墾、所有、売買するところまで進んでしまいました。もしその（土地を所有するという）概念を振り払うことができればそもそもオフィスすら必要がないのかもしれません。

一方で、縄文時代以来ヒトは場所に愛着を持って生きてきました。現代でも自分のデスクの上にさながら貝塚ばりに書類を積み上げる人や、まるで古墳の埴輪のようにデスク周りに自分の好きな小物を大量に並べる人。自分のスペースだけ綺麗にして鎖国のように他者の侵入を拒む人。このようにデスク周りの悲喜こもごもはなかなか味わい深いのも事実。長年染み

フリーアドレス
80年代に清水建設技術研究所で実施されたのをはじめとして、オフィススペースを高効率化するために現在では様々な企業に取り入れられている。コクヨがフリーアドレス用の円形テーブルを発売している。これにはコミュニケーションを円滑にするメリットがあるというが、きっと縄文時代の環状集落を参考にしているに違いない。

古墳の埴輪
埴輪は古墳の周りに並べられたいわばお供え物だ。いくら埴輪を並べたって、人は一人で死んでいくものではないでしょうか？

付いたデスク文化はそう簡単には変わらないかもしれませんが、弥生時代以降の土地の所有という概念はあっという間に争いの元になってしまったことを考えると、場所の所有をさせないフリーアドレスというシステムはいつかはオフィスに平和をもたらすかもしれませんね。
さてビジネスマン猿さんはどの時代が好きですか？

丸い土偶

目鼻立ちこそ山形土偶に通じる控えめなものですが、頭部はぐるっと円盤状の縁取りになっている。縁取りには縄文が施され、なかなかの存在感。環の好きな縄文人にとって特別な一体だったのかもしれない。

福島県宮畑遺跡、縄文後期後半
福島市教育委員会所蔵

環濠集落

弥生時代になるとムラの周りに環濠（深い溝）を掘り、敵対勢力の侵入に備えるようになりました。もしかしたら杭や柵のようなものも建てていたのかもといわれています。土地を広く手に入れたら逆に世間が狭くなっちゃったんですね。

オフィスに平和が

出世争いに派閥争い。同期のやっかみに恋愛トラブル。パワハラセクハラ、いじめに不倫。オフィスに平和をもたらしたいのなら、全員クビにするのが一番早いだろう。

土地所有
縄文時代になかったもの
コラム—5

「この土地は絶対に渡さん」なんて言葉が頑固さの代名詞のようになり、土地を持つことが豊かさや個々人のアイデンティティのようになっている現代では違和感があるかも知れませんが、縄文時代には土地は所有するものではありませんでした。

縄文時代にも縄張りのようなものはありましたし、ムラを作るために木を切り広場を作ったり、近所に栗の木をたくさん植えたり。ストーンサークルを作るために土地を平坦にしたりもしました。それも一つの所有だといえばそうかも知れません。ただ決定的に違うのはその場所へのリスペクトのようなものだったのではないでしょうか。それはその後に起こったことがすべて物語ってくれています。

弥生時代以降、土地は開墾され水田となり、その範囲が個人や集団の財力となっていきました。土地は奴隷化され人間の持ち物になり、売買され、奪い奪われ、人間同士の争いの大元にもなっていきました。それはここ日本だけの話ではありません。

でも考えてみれば土地の所有ってちょっとおかしな話ですよね。土地ってもともと誰のものでもなかったはずなのに。

私は高身長女子。そのせいで全然モテません

173センチ、私は高身長女子で、そのせいで全然モテません。ヒールを履いたら180近くまで大きくなれます。自分でいうのもなんですが、顔だって悪くないしスタイルだってなかなかのものです。ただ、男たちは背の高い女子には引け目を感じるようで、なかなか素敵な誘いの声がかかりません。

（ワンダーウーマン、26歳、女）

ビッグゲームハンターは現在にだってまだまだたくさん生息していています

縄文時代の前の時代、旧石器時代の人間はマンモスやナウマン象、オオツノジカなど、相当でかい獲物を狩猟していました。その機運の残っている男子（ビッグゲームハンター）は現在にだってまだまだたくさん生息していて、虎視眈々とチャンスを狙っています。

ワンダーウーマンさん、世の男子があなたをデートに誘わないのは、本当に背の高さが原因でしょうか。それだけじゃないかもしれませんよ。「背が高いから」と自分に言い訳して、その他の問題に目をつぶっていませんか？

ちょっとだけガードを緩めてみましょうよ。実際背の高さなんて好みの問題で、背の低い娘が好きな男もいれば、背の高い娘が好きな男だっているんです。

マンモス／ナウマン象

日本ではマンモスの化石は北海道で何点か見つかっているが、本州と北海道には海峡があり、本州には渡っていない。逆にナウマン象は本州にも生息し、長野県の野尻湖から旧石器時代の石器とともに見つかっている。この頃の獲物はたいてい大きかった。

縄文人の身長

縄文人の平均身長は男性で160センチなかったくらいでした。女性は150センチくらい。獲物のナウマン象もオオツノジカもずいぶん大きかったのに！

縄文人に相談だ——64

縄文時代の老化って どんなふう？

50代も半ばになり、体力も気力も日に日に衰えてきました。人生の最終コーナーをいよいよ迎えようとしている今の自分の行く末が不安です。誰にも気兼ねせず、無責任に老人になっていいのかどうか……。縄文時代の老化ってどんなふうだったのでしょうか。やはり今とは違う厳しさがあったのでしょうか。

（黒曜子、54歳、女）

知識と経験を青二才どもに伝えてやりましょう

いざというとき、頼りになるのは知識であり経験です。そして、老人は知識のかたまりで、誰よりも生きることを経験しています。そう考えると縄文時代、老人はずいぶん大切にされていたのではないでしょうか。もしかしたら今よりももっと。

とはいえ、歳をとれば体力気力ともに衰えていくのも事実。生業の第一線から少しずつ身を引かなければならないのは、現代と変わりません。そこにはやはり寂しさや虚しさなんかもあったのでしょう。

縄文人は死と再生についてちゃんと考えていました。もしかしたら現代人よりももっと。そして、それに対してある程度の納得をしていたんだと思います。おかげで、人生の夕暮れを過ごすことの不安や迷いは、今よりは薄かったかもしれませんね。

なんだかしんみりしてしまいましたが、黒曜子さん、ぜひ堂々と老人になってください。経験と知識を青二才どもに伝えてやりましょう！

老人が優遇された証拠はない

逆に虐げられた証拠もありませんが、老人だからといってお墓になにか特別なものが入るということはなかったようです。

知識と経験

文字がない時代にはやはり知識と経験が重要だったでしょう。毎年のことなら皆経験していても、何十年に一度の「何か」は老人しか知り得ないわけですから、経験というものはムラの資産のようなものだったのではないでしょうか。怪我や病気に弱く平均寿命の短かった縄文人ですが、60歳まで生きたと思われる人も数パーセント確認されています。もっと長生きだったとの調査もあり、もしかしたら竪穴式住居に3世代って普通のことだったのかもしれませんね。

どうしても元カノのSNSをのぞいてしまいます

ツイッターにフェイスブックにインスタグラム。どうしても元カノのSNSをのぞくのがやめられません。見てどうなるものでもないのですが、気になって仕方がないんです。あんまりかっこいいものでもないし、見たあと自己嫌悪に陥るし、そろそろやめたいんですけど。

（武田ザッカーバーグ、27歳会社員、男）

元カノのSNSをのぞいて自己嫌悪ムラ

元カノのSNS覗き男の武田さん、まだ客観的に自分が見られているようで安心しました。おっしゃる通りで、とにかくみっともないの一言です。ただ、安心してください、武田さんにはたくさんの仲間がいます。世界中には、同じように元カノのSNSを覗いている男たちがとんでもない数いることもまた真実です。

SNSって「ムラ」のような小さなコミュニティが作れてすごく縄文的なツールだなというのは、㉔の相談の通りですが、SNS上でそんなムラを作っても面白いかもしれないですね。「元カノのSNSをのぞいて自己嫌悪ムラ」とか。青森県の三内丸山遺跡ばりに大きな集落になるかもしれませんね。

とはいえ、SNSを通して遠くから誰かを眺めるなんて、ちょっと偉そうで、僕はおすすめしません。それはやっぱり森やカミの役目。武田さんにやってもらわなくても全然大丈夫です。そんな暇があったら、どんぐりの殻むきでも手伝ったらいいんですよ。

SNS元カノ問題
この問題もSNSを取り巻く悲喜こもごもの一つです。SNSではたとえフォローを外したとしても、周囲の人間関係がつながっていたら自分の行動も元カノの行動も筒抜け状態。うまく割り切ればいいのですが、そううまくいかない人も少なくありません。フェイスブックの創業者を描いた2010年の映画『ソーシャルネットワーク』。この映画も最終的にはこの元カノ問題を描いていました。

ミクシィコミュニティ
2000年代後半の日本のSNSはミクシィが主役だった。ミクシィ内にはたくさんのコミュニティができた。一種の村といってもいい。話題が小さければ小さいほど盛り上がった。

縄文人に相談だ——66

食事に行っても帰る タイミングがわかりません

食事に行ったとき、一緒に食事をする相手が後輩でも、自分のペースで帰る時間を決めることができません。

「僕は明日ゆっくりだからいいけど、相手はもう帰りたいのかな」とか、「逆に自分はもう帰りたいんだけど、相手はもう少し飲みたいのかな」などと考えていると、「帰ろう」と切り出せず、気がつくとお店で最後の客になっていて、お店の人に迷惑そうな顔で「帰って」と言われてしまいます。どうしたらよいでしょうか?

（矢部太郎、漫才師、男）

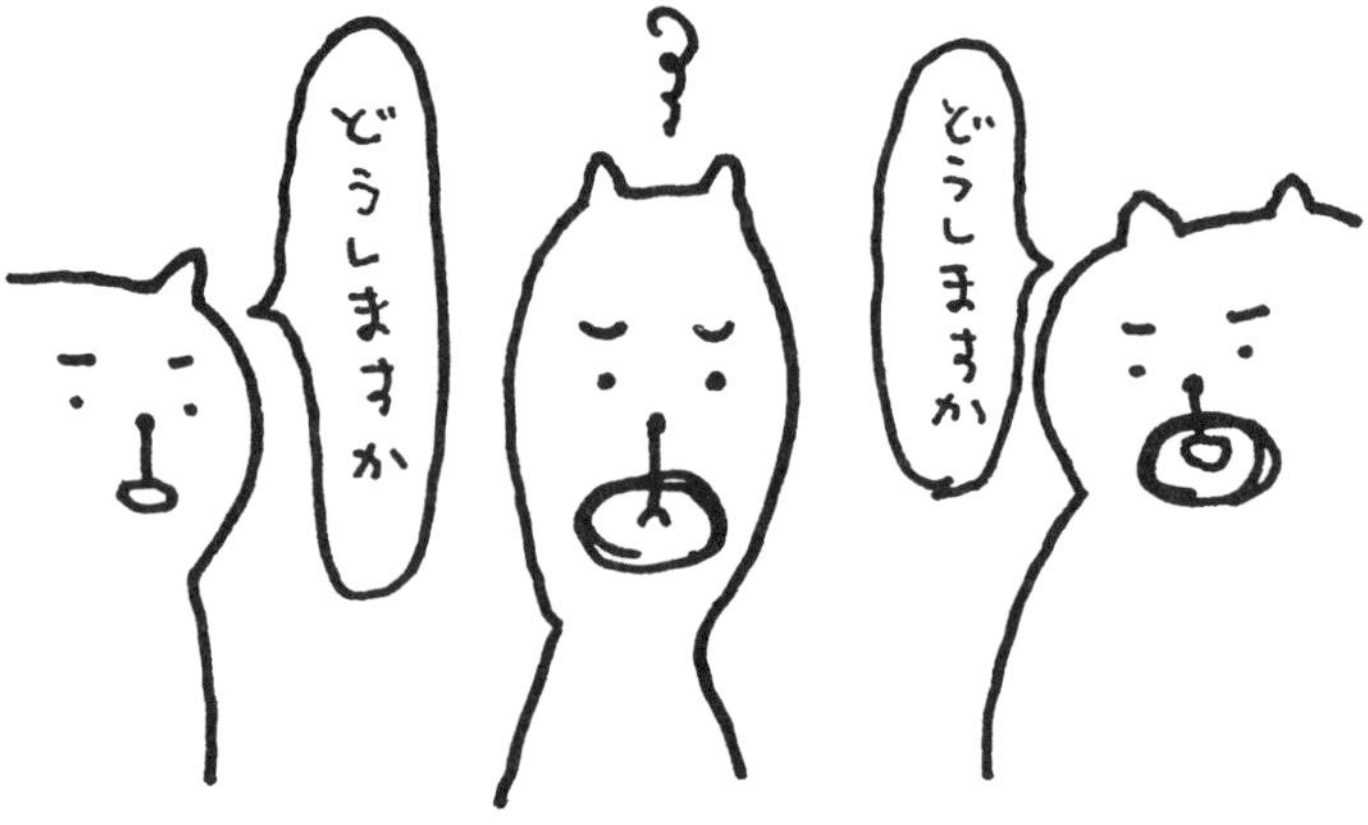

食事での帰る
タイミングくらいは
「古墳スタイル」で傲慢に

その気遣い、お店には迷惑がられるのはまだしも、多分後輩にも迷惑がられているのではないでしょうか。「矢部さんと飲むと長いんだよな。困るよなぁ」なんていう声が今にも聞こえてきそうです。実は、この悩みを聞く前から、テレビなどで拝見する矢部さんはいろいろな場面で全方位に気を遣って、必要以上に小さくなっているんだろうなとぼんやりと思っていました。

でも、いいんです。必要以上に自分を大きく見せる人に比べたら、矢部さんの行動は全然問題ありません。たとえば縄文時代の埋葬は、手足を折り曲げて小さくなり、まるで胎児のような姿勢になる「屈葬」という葬法がとられていました。墓標もあまりなく、ほとんど特別なお墓は存在しませんでした。しかし、弥生を経て古墳時代には「伸展葬」という手足を伸ばした状態で埋葬されるようになり、権力を持った人間にいたっては、自

矢部太郎
お笑いコンビ・カラテカのボケ担当。2017年のベストセラーエッセイ漫画『大家さんと僕』(新潮社)がじんわりと上品に暖かい。

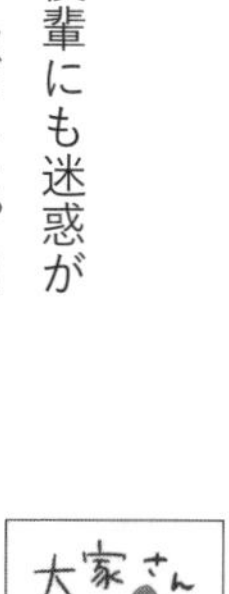

屈葬
手足を折り曲げた姿勢をとった埋葬法。胎児を連想させる。穴を掘る労力も少なくて良い。

漢字「葬」
白川静『字通』によるとこの字は原野に風化した骨を表していることから複葬(死者を時間をおいて2度葬ること)を表していたと読み解かれている。あくまで中国の話だが。

分のお墓を巨大に造り、死んでもなお自身の権力を誇示するようになりました。この肥大化した自己顕示欲のなんとみっともないこと！

縄文人が周りにどれだけ気を遣っていたかはわかりませんが、少なくとも自分たちの周囲の自然や森には気を遣っていました。それはもう気を遣いすぎるほどに。だからこそ「縄文」は、１万年続く文化になったのではないでしょうか。あっ、でも食事のときに帰るタイミングくらいは、お互いのためにも「古墳スタイル」で、少し傲慢に振舞ってもいいのかもしれませんね。

土偶

首元には蝶ネクタイのような模様。パンツなのかなんなのかわからない股間の模様。愛嬌のある顔とポーズ。それでいてどことなく紳士的な位の高さを感じる。ツッコミどころが多いこの土偶、個人的にはお笑い芸人のアキラ100%土偶と呼ばせていただいている。

山梨県石堂B遺跡、縄文後期後半

少し高台の見晴らしの良い場所。耳をすませば風の歌が聴こえる。

たいていの遺跡は地面の下にある。だからたいていの遺跡には目に見えるものは何もない。

それならまだいい、そこにあるのは住宅や畑や道路の場合も多い。遺跡はすでに現代人の生活の場となっている。ちなみにこれは日本に無数にある名もしれぬ遺跡の話ではない。しっかりと名前の知れた考古学的にも重要な遺跡の話だ。

遺跡に行くのも一苦労だ。レンタカーのナビはたいして役に立たない。「えっうそでしょ」というような道に入ったり畑の中を通ったり、ありもしない立て看板を探したり。で、苦労して行ってもそこには何もない。

あゝもはやこれまでと頭を抱えて帰路に着くわけだが……。

正直なところ僕はそれでいいと思っている。

風の歌を聴け

青森県弘前市の大森勝山遺跡
この地面の下には縄文時代晩期の環状列石が埋まっている。
奥に見えるのは岩木山。

縄文人に相談だ――67

ずっと眠いです。とにかく眠い

ずっと眠いです。とにかく眠い。朝目覚めて、眠いなと思い、仕事中ももちろん眠くて、帰ってきてからも眠いです。夜眠るその瞬間まで「眠いなあ」と思い続けています。これを書いている今この瞬間も眠くて、今すぐ寝てしまいそうです。どうしたらいいでしょうか。

（北枕ふか子、25歳会社員、女）

眠りだろうがなんだろうが、誘われるのって素敵なこと

眠って見る「夢」は、僕らの暮らしている世界と、もうひとつの世界が肉薄する時間。そんなに眠いのだとしたら、ふか子さんは「もうひとつの世界」がすごく忙しいんでしょうね。

　といってもこれはおかしな話ではなく、アイヌのユーカラも含め、古今東西のあらゆる物語では、「主人公が眠って見る『夢で』何らかのヒントや重要なお知らせを受け取る」なんてことがよくあります。ここまで何度も繰り返される「夢のメッセージ」。その理由は、単に便利な舞台装置というだけでは説明は難しく、やはりそこに何かしらのリアリティを誰もが感じているからなんでしょう。

　ふか子さん、そこまで眠りに誘われるのだったら、飽きるまで枕に顔を埋めて、夢の語る物語を聞いてみたらどうでしょうか。もしかしたらすごく重要なメッセージやヒントが届けられるかもしれませんよ。それに、眠りだろうがなんだろうが、誘われるのって素敵なことですし。

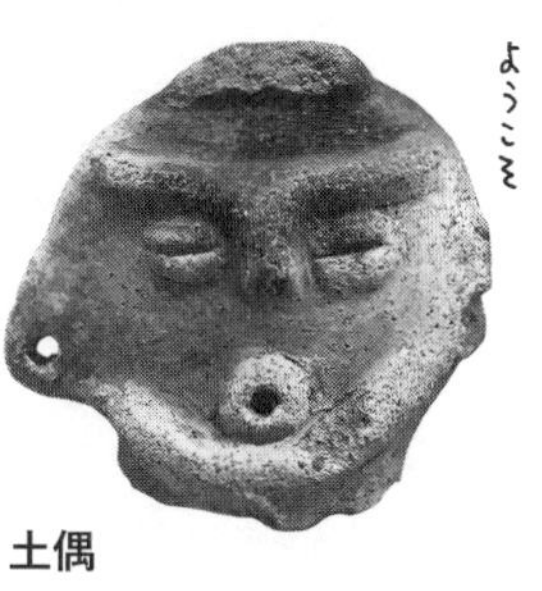

土偶

山梨県金生遺跡、縄文中期

ユーカラ

アイヌの語る物語。神が語るカムイユーカラ（神謡）と、主人公が人間のユーカラ（英雄叙事詩）に分けられる。英雄叙事詩は純粋に娯楽としての物語として楽しまれている。

ポイヤウンペ

英雄叙事詩のほうのユーカラの主人公はなぜかポイヤウンペという名前の少年になることが多い。人間ではあるけど物語の中では結構超人的な活躍を見せる。

食器を変えたからといっても味は変わらないですよね？

器を変えると味まで変わるといって、食器に凝っている友人がいるのですが、食器を変えても味は変わらないですよね？　合理的に考えて、別に何か付け足したり引いたりしていないし、目をつむったらどっちがどっちかなんて絶対にわかんないいんじゃないですか。それに、特にお惣菜を買ってきたときなんか、わざわざ食器を移し替えたりしなければ洗い物の手間も省けるので時間が節約できますし、水を使わないぶんエコですし。

（小田切、33歳会社経営、男）

正しい食事は正しい土器で

たしかに味は変わらないかもしれません。でも、そういうことじゃないんです。

縄文時代、食べ物を煮るために彼らは土器を使っていました。その土器には派手な装飾、それも口縁部に一番派手な装飾をつけるものが多くあり、扱いづらいったらありませんでした。現代目線で考えると、そこにはまったく合理性を見出せないのですが、彼らにとってはその装飾過多な土器が正式な食器であり調理器具だったのです。

食べ物は、ヒトの体に吸収されることで生命を維持できる大切なものですが、それだけではなく、彼らにとって正しい土器で調理した正しい食べ物を食べるということが、縄文時代の正しい食事のあり方だったのでしょう。そこには彼らなりの合理性があるんです。

小田切さんの友人の食器だっておんなじです。たとえ味が変わらなくても食器を変えることで彼なりの正しい食べ物になるんだったら、そこにはきちんとした合理性があると僕は思います。味しか考えない小田切さんのなんと薄っぺらいこと！　貝塚に行って出直してきてください。

派手な装飾

縄文土器の派手な装飾の意味や機能については未だにわかっていません。その答えは永遠にわからないかもしれません。ただ、アイヌの着物を例にすると、袖口や襟に必ず文様をつける理由は、そこから「悪いもの」が入ってこないようにするため。縄文土器が口縁部に派手な装飾をつけがちなのって、もしかしたらそういう意味があるのかもしれませんね。

味しか考えない

どうせ合理的にいくなら、味すら必要なくないですか？　栄養が取れればいいんですからサプリで良いわけだし、食器も汚れませんし。言い過ぎましたが、合理性ってそういう方向に向かっているんじゃないんですか？

学生時代より10キロも太っていました

お酒も好きなのですが、食べることも大好きです。気づいたら、大学を卒業してから3年間で10キロも太っていました。もともとやせ型だったのですが、この調子で太っていったら本当にヤバいです。

（飲み過ぎジョニ子、25歳、女）

一冬で20キロくらい減るダイエットあります

またですか、飲み過ぎジョニ子さん。飲み過ぎに加えて食べ過ぎでもあるんですか？　なおさらやばいですね。

㉝の相談でもダイエット法を紹介していますが、実はさらにいいダイエット方法があります。名付けて「冬眠ダイエット」。

――想像してみてください。飲み過ぎジョニ子さんはクマです。季節は秋の終わり、秋の味覚を食べられるだけ食べて、栄養を蓄えた飲み過ぎクマ子さん。冬眠するのにちょうどいい、斜面に生えた木の立派な根を見つけました。そこを1メートルほど掘って寝床を作り、これから春まで冬眠です。

どうですか、冬眠したクマの体重は眠る前の3〜4割減ってるらしいですから、きっと一冬で20キロくらい減っちゃいますよ。

冬眠

いくつかの哺乳類や両生類や爬虫類は冬眠する。ちなみに妊娠しているクマは冬眠中に出産、授乳もするので、冬眠というより産休に近い。

くまちゃんは神

アイヌでクマはキムンカムイ。山の中では最高の位の神の一つだ。ただ人を殺したり悪いことをするとウェンカムイといわれ、嫌われてしまう。

クマー

40歳。人生の行き詰まりを感じ、道に迷っています

40歳を迎え、人生の先が見えてきたような気がします。どんどんと選択肢は少なくなり、かといって後戻りもできない。いろんなものに挟み撃ちされ、行き詰まっている気もします。一方で自分の歩いている道がどこにもつながっていないような気もしていて……、このなんともいえない不安を解消するにはどうしたらよいでしょうか？

（やる気ゼロリーマン、40歳、男）

道なんてあるから道に迷うんです

すべての道はローマに通ず。なんて慣用句がありますがあんなものは大ウソです。環七をいくら走ってもローマにたどり着いたりしません。というのはもちろん縄談ですが……。僕の経験で申し訳ないのですが、40代の行き着く先のいくつかは袋小路につながっているような気がします。

縄文人は道を作りませんでした。もちろん高低差のない谷底や川沿いは頻繁の行き来でけもの道ならぬヒトの道ができていたことでしょう。それでも明確に（土木工事をして）道を作った証拠は未だに見つかっていません。グーグルのナビ機能でまるっきり方向感覚が退化してしまった現代人とは違い、道なんてなくたってちゃんと目的地にたどり着けたんだろうと思います。

なにが言いたいかというと……そうです、40歳の歩き方には誰かが作った道なんて必要ありません。袋小路に突き当たったらそれは引き返せではなく、好きな方向に向かうための良い機会なんです。多少足元が悪くたってこの世界の歩き方はわかっているはずです。縄文人のように自分の好きな目的地に向かって一気に50代まで行っちゃいましょう！

環七
環状が好きでたまらない縄文人に朗報。東京の道路は皇居を中心に環一〜八までちゃんとあるんです。特に環七と環八には竪穴式住居のようにラーメン屋が点在しています。

縄文人の道
いきなりひっくり返すようですが、実は縄文時代には道がありました。それは本文でも触れている通り高低差の少ない谷沿いや、山あい、台地のはけ。ヒスイなどの石材の流れを見ると縄文時代の道が見えてきます。自然の地形を活かしたその「道」は実は現代の主要な幹線道路と変わらなかったのかもしれませんね。

川や海の道
重たいものを運ぶのや遠くに行くのにも船を使っていました。これもやはり石材や土器などの動きから推測できるようです。

彼氏がダサいです

彼氏がダサいです。服装のセンスが壊滅的です。古いとかそういうことではなくて、多分ファッションについて全然考えていないんだと思います。私はおしゃれすることが大好きで、だいたい日曜日に明日からの1週間に着る服を決めて、ハンガーにかけておくほどなのですが、彼はその場にあるものをただ着ているだけ。流行りだって気にしていません。
彼のことは好きですし、これからもずっと一緒にいたいと思うのですが、友達に紹介するときや、一緒に買い物に行くとき、正直恥ずかしいんです。縄文時代の人にファッションセンスのこと相談してもどうしようもないのかもしれませんが、どうにかなりませんか。

（カーディガンちえみ、女）

ファッションの初期衝動って「人とおんなじは嫌だ」

そうですね。気持ちは大変よくわかります。「愛はおしゃれじゃない」と岡村ちゃんが歌っていたとしても、限度ってものがありますものね。でも、ちえみさん。ちょっと引っかかったのですが、もしかしたら縄文人のこと、おしゃれしていないと思っていませんか？

彼らって結構おしゃれだったんですよ。出土する土器や土偶を見てもセンスしか感じませんし、耳飾りや櫛、ネックレスやブレスレット、装飾品もたくさん出土していますしね。

縄文時代のファッションにはいくつかの役割がありました、ひとつには「カミとの対話により効果のある」シャーマンとしての装束・呪術的・おまじない的な役割。そしてもうひとつは、現代にも通じる「個性の表現」としてのファッションです。個性は自分自身を規定するものです。縄文時代、仲間や森やあらゆるカミから自己を認識してもらうためにも、個性は必要不可欠でした。そのような縄文的なファッションの意味って、現代になってもそんなに変わらないんじゃないでしょうか。ファッションの初期

岡村ちゃん

岡村靖幸。「愛はおしゃれじゃない」は、ベースボールベアーの小出祐介とのダブル名義のシングル。愛はファッションじゃないし、けっこう泥臭いものだ。

装飾品

本文の通り、遺跡からはたくさんのアクセサリーが出土しているが、アクセサリーにも地域差がある。耳飾りは山梨や長野の中部高地の土製品が細工も細かくバランスも良い。写真は鹿角製棟飾り、バランスよく彫り込まれた文様がクール。

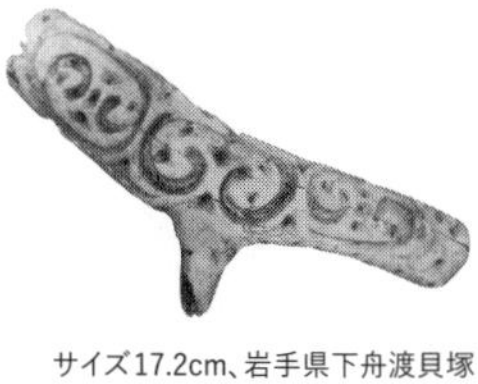

サイズ17.2cm、岩手県下舟渡貝塚

衝動って「人とおんなじは嫌だ」で、間違いないわけですから。
ちえみさん、センスなし彼氏のファッションですが、そこに「個性」はありますか？ もしあるんなら、それが「彼氏」です。彼のことが好きなら、その個性だって彼の一部です。むしろ流行りに流されてないぶんだけ、精神的にはおしゃれなのかもしれません。彼流の「センス無し系ファッション」と名付けてもいいかもしれませんね。

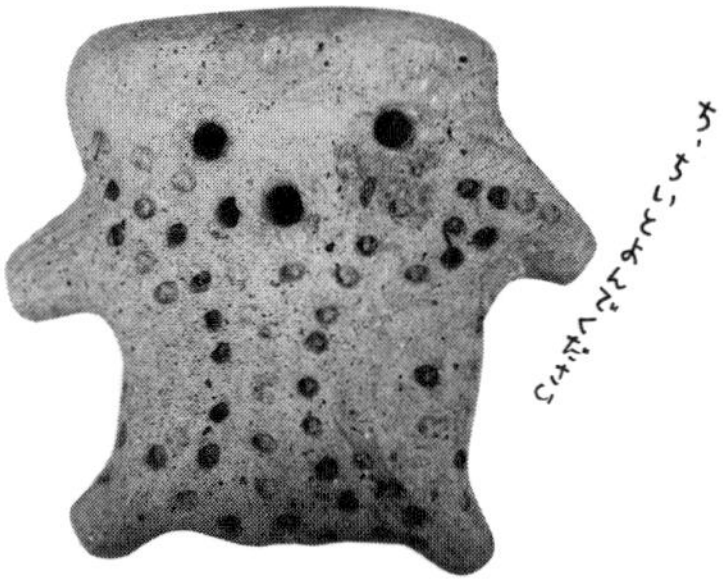

土偶は個性的？

もちろん同じような時期に同じような場所で作られた土偶は似てくるのが常ですが、上の土偶のように他では類似の資料のない土偶も作られていました。

愛称、ちいちゃん。体長約10cm 細浦上ノ山貝塚（大船渡市末崎町）、縄文中期

この本にもいくつかの土偶を載せていますが、こんなに表情が違うのかとびっくりしませんか？ 一つとして同じ顔がありません。今回はそれほど有名ではないけど、好きな顔のものを中心に載せています。他にもたくさんのいい顔が全国に散らばっています。土偶はやっぱり個性的なんです。

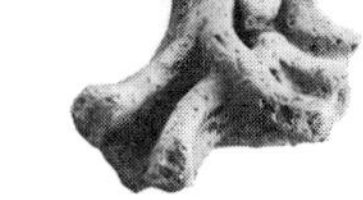

火焔型土器は欠片も美しい。いや、火焔型土器は欠片も〝おしゃれ〟だと言い換えたほうがしっくりくるかもしれない。欠片となった場所や割れた大きさ、元の個体の土の色（残念ながらこの誌面はモノクロだ）。一目で〝火焔〟とわからせながら一つ一つが個性的だ。

〝悩みなんて忘れてさぁ、
みんなで輪になって踊ろうよ！〟

その立体的ではっきりした文様はそれだけでリズムを持ち、今にもこんなことを語りかけてくる。

火焔な土器片

新潟県津南町農と縄文の体験実習館 なじょもん所蔵

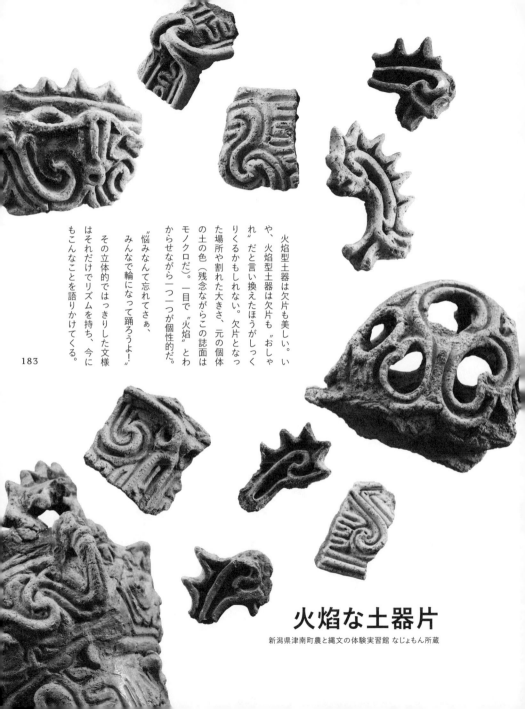

縄文人に相談だ——72

正解がわからないのって何か気持ち悪くないですか？

現代人から言わせてもらうと縄文時代ってわかっていないことが多すぎます。どんな名前を持っていたのか、どんな言葉を喋っていたのか、どんな料理を作ってどんな服を着ていたのか、何にもわかっていないじゃないですか。正解がわからないのって何か気持ち悪くないですか？

（稲作バレーボール部、男）

正解がわからない曖昧さってすごく面白くないですか?

現代は目に見える結果や数字がすごく重要視されていますから、稲作バレーボール部さんの言いたいことはよくわかります。でも、正解がわかることってそんなに重要なのでしょうか? 自分たちの住む世界を見回してみると、驚くほど割り切れないことばかりではないでしょうか。そもそも、正解なんてものがあるのかどうかも疑問に思えるほどです。

だいたい正解がわからない曖昧さってすごく面白くないですか? 数値化できるような薄っぺらい結果なんて、変な色のグミほどの味もありません。わからないから知りたいと思えるし、わからないから想像を楽しむことができるんです。ミステリー小説だって答えがわかったら拍子抜けしたりしませんか?

それに、曖昧なことを曖昧のままにして、前に進んでも別にいいんですよ。だいたい人類なんてずーっとそうやってきたんですから。

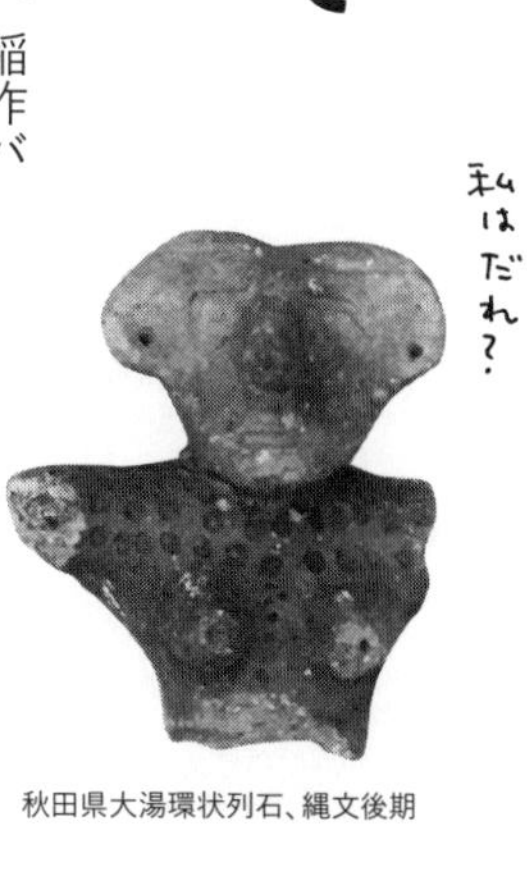

秋田県大湯環状列石、縄文後期

縄文語
縄文時代どんな言葉が話されていたのか、もちろんはっきりとはわかっていません。ただ東日本、特に東北にはたくさんのアイヌ語地名が残っています。それは日本の歴史の中で北へ北へ追いやられていった縄文人たちの足跡なのかもしれません。ということは……。

ミステリー
ミステリー小説の面白いのはやはり「謎」。僕は「答え」より断然「謎」派です。

縄文さんに相談だ――73

女の子に興味がありません

僕は群馬の田舎の中学1年生の男子なんですが、実は、女の子に興味がありません。好きな同級生がいるのですが、男子です。彼といるとドキドキして顔も赤くなるし、彼にキスしたいし、彼の裸のことを考えることだってあります。僕はゲイなんでしょうか。このまま男の子を好きになってもいいんでしょうか？

（風太ブルージーン、13歳中学生、男）

アメリカの二丁目、サンフランシスコ

今のところ、風太ブルージーンくんがゲイである可能性は70％くらいだと思います。いや、もっとか……。「ドキドキする」くらいなら、思春期特有の同性への憧れという線も強かったのですが、「キス」から「裸」のくだりでかなりの確信を得てしまいました。

もちろん、自分の感情に素直に男の子を好きになっていいですし、恥ずかしいと思う必要もありません。でも、風太くんは中学1年生。そう考えたら、あと5年は黙っておいたほうがいいでしょう。

綺麗事は言いません。絶対に差別にさらされるし、くやしい思いもすることになる。まだわからないかもしれないけど、セクシャルな悪口はたとえ相手にたいして悪気がなくても本当にキツいものです。

風太くんにはいくつか選択肢があります。まずは高校を卒業したらすぐに東京に出て、新宿二丁目に行ってみるのはどうでしょう。そこには風太くんの仲間……というか、先輩が大勢いるので、ちゃんと一息つけます。

それか、今のうちに英語を死ぬほど勉強して、アメリカの二丁目、サンフ

先輩からの一言

風太ブルージーンくん、こんにちは。私は新宿二丁目のゲイバーで働いています。もちろんゲイです。親にはカミングアウトしてないので、名前はナイショでお願いしまーす♡ そういう人、結構多いんですよ。

さて、私は埼玉出身だから若い頃から二丁目にも出入りしていたけど、地方にもゲイはいます。そして、コミュニティもあります。風太くんにはまだ早いけれどSNSでゲイの世界をのぞいてみるとたくさん見つかるわ。もちろんそういう場所は、そういう場所なりのルールがあるので、何も知らない状態で行くのはちょっとおすすめしません。

でも、仲間が意外とたくさんいるってことがわかると、今ひとりで寂しい思いをしている風太くんには励みになるんじゃないかしら。

最後になっちゃったけど、風太くん、もちろん二丁目は大

ランシスコに行くというのもひとつの手です。二丁目にもサンフランシスコにも馴染めなくても大丈夫。今はＳＮＳで同じような感覚の人を見つけることだってできるし、いろんなかたちで仲間を見つけることができますよ。

縄文時代にだって同性愛者は必ずいたはずなんですが、確たる証拠は何ひとつありません。ただし、石棒や土偶、特に妊婦を模した土偶などがあるように、セクシャルなことは今よりも子宝に直結していた時代。そう考えると、子孫繁栄につながらない同性愛は、今よりもずっとよく思われていなかったかもしれません。

同性愛者の人はいつの時代も大変だったと思いますが、今はまだマシな時代。恋愛の対象がどうであれ、風太くんの価値がちょっとだって損なわれることはありません。二丁目で、サンフランシスコで、君の行く場所どこでだって、最高に素敵で楽しい先輩方が風太くんを待っていますよ。

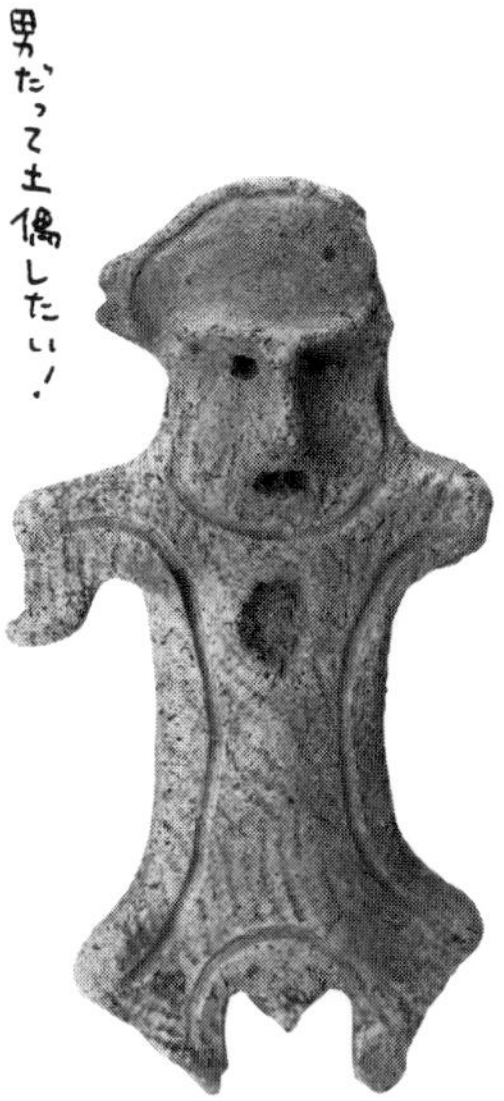

土偶は女性だけじゃない

女性を模したといわれる土偶。数は少ないですが、男性を表現したのではないかといわれている土偶も存在します。北海道のこの土偶はおちんちんが付いていることから男性土偶といわれている。

北海道キウス周堤墓群、縄文後期

歓迎です。二丁目に来れば昔同じ悩みを抱えていた人だらけだし、やっぱりステキな出会いもあると思う。大人になったらいろいろすごく楽になるから、負けないでネ。

サンフランシスコ

同性愛者に対して優しい街。その中でもカストロ通りはナンバーワンゲイタウンである。差別と戦った歴史も深く、LGBTコミュニティのシンボル的存在の町だ。

絵

縄文時代になかったもの

コラム——6

描いてるでしょ、絵。

そんな声が聞こえてきそうですが、土器や土偶、遺跡から発掘されたモノたちをよくみてください、意外なほど「絵」が少ないことに気づきませんか?

なるほど確かに何点かはあります。狩猟文といわれる矢が獲物を狙っているもの。踊る人や何かの動物。それでも少なすぎないでしょうか? 縄文土器のほとんどには「絵」らしきものは描かれません。あれほど大量に土器を作る人たちが、あれだけ土器をデコラティブにする人たちが、絵を描かずに満足できるのでしょうか。技量は十分、ものづくりの意欲は満々、世界はモチーフに溢れている。これで文様だけで満足できるものでしょうか?

土偶があるじゃないか、と、思われるかもしれません。しかしあれとて具象とは言い切れません。極端にデフォルメされた顔や身体は、むしろ注意深く具象を避けていた証拠ではないでしょうか。

絵を描かないということは絵を軽視していたことではありません。むしろ絵の力を信じていたからこそ絵を描くことに畏れを感じ、極端に慎重になっていたのではないでしょうか。

絵を描くべきか描かざるべきか……。そんなこと考えたことありますか?

狩猟文土器

その名の通り、土器の胴部に明らかに狩猟を簡略化した文様が描かれている土器。同じようなモチーフの土器は北海道渡島半島から福島県まで分布している。北東北に多い。

青森県韮窪遺跡、縄文後期
青森県立郷土館蔵

縄文人に相談だ——74

妻が心療内科に通いはじめました

数ヶ月前から妻が心療内科に通いはじめました。僕が聞いても何も言ってくれませんが、たぶん1年前に生まれた子どもの子育てが大変だったことが原因なんだと思います。悩みなのですが、そんなメンタルヘルスに問題のある妻をおいて飲み会に行くのが気がひけるということです。ここのところ、社内のコミュニケーションや取引先との付き合いのための飲み会がすごく多くて僕も困っています。もちろん、彼女が病院に行っている間の子どもの面倒は見ていますし、「悩みはない？」と聞くことも忘れていませんよ。

（メガネ、28歳、男）

奥さんのメンタルヘルスの原因は、あなたです

奥さんのメンタルヘルスの原因は、子育てでもなんでもなく、あなたです。この短い相談の文面だけでわかるほど、メガネさんの言動には問題を感じます。物事の本質が、奥さんの気持ちが、それはもう気持ちいいくらいわかってない！

もし奥さんのことが大切なら、他のことはとりあえず放っておいて、そばにいてあげたらいいんです。社内のコミュニケーション？　取引先との付き合い？　そんな飲み会なんてどうでもいいじゃないですか。それは縄文だろうが弥生だろうが現代だろうが、同じ話ですよ。

愛称：ベイマックス

映画『ベイマックス』を彷彿とさせる顔面把手が付けられているニクいやつ。ケアロボットであるベイマックスのセリフ「I will always be with you.」。シンプルだけど誰かに寄り添ってもらうということが一番心に効くのだ。

長野県面替小谷ヶ沢遺跡、縄文後期初頭

メンタルヘルス
精神面における健康のこと。身体がきついのも大変だけど、心がきついのだって大変なのだ。

飲みニュケーション
一度は完全に死語となっていたが最近徐々に復活の兆しが……。職場での飲み会＋コミュニケーションで飲みニュケーション。一定の効果はあるので否定はしないけど、飲めない人のことをつまらない人間と思わないでほしい。

縄文人に相談だ——75

可愛い二重まぶたになりたいのですが

私は一重まぶたです。可愛い二重まぶたになりたくて、アイプチやアイテープで頑張ってみたんですが結局一重のまんま。どうにかなりませんか？

（ひとえ、27歳会社員、女）

縄文時代は顔も土器も濃い顔が主流

縄文時代はゴテゴテした濃い土器が主流だったので（?）、顔も濃いめが主流。ひとえさんの羨む二重まぶたが多かったようです。弥生時代になってから、土器の文様とともに二重まぶたもずいぶん減ってしまいました。まぶたは、どうやら土器と連動しているようです。というのは縄談ですが、弥生時代になって大陸から人がやってきて、今のさっぱりした一重まぶたが増えてきたというのは一つの通説です。

ひとえさんは一重まぶたにすごくコンプレックスがあるようですが、昔の「美人画」とされている作品を見ると、一重のずいぶんさっぱりした顔が多いので、二重が可愛いというのもいわゆる流行ではないでしょうか。ひとえさん、あと100年もたったら、一重のほうが可愛いって言われる時代になっているかもしれませんよ。そうなると二重にする努力より長生きする努力の方が大切になるかもしれませんね。

あっ、もしかしたら……縄文人に憧れてるんですか？

土偶（遮光器土偶系）

地元の小学生が遊んでいる時に見つけたという土偶。全身の渦巻きと猫耳のような頭、はっきりとしたアイラインが可愛い。

北海道鳥崎遺跡、縄文晩期
森町教育委員会所蔵

縄文人の顔

縄文人の顔は幅が広く四角い輪郭で比較的濃いめの顔が多かったようだ。筆者の親戚に「顎の細い男はダメだ」が口癖のおじさんがいたが、弥生人のことをいっていたのかもしれない。

濃い土器

縄文土器は火焔型や勝坂、焼町のようにこれでもかとデコラティブにしている土器が代表ですが、濃いものばかりではなかった。粗製土器でなくてもあまり装飾をつけないひかえめな縄文土器もあった。

縄文人に相談だ──76

ヘッドハンティングされました

ヘッドハンティングされました。今の会社に特に不満はなく、同僚もみんないい人ばかりなので最初は断ろうと思っていたのですが、ヘッドハンターのいうところ、給料が年俸で今の1・5倍になるそうで、心が動いています。転職すべきかとどまるべきか……。

（山、29歳開発、男）

ヘッドハンターって首刈り族のことですよ

「ヘッドハンター」って、言葉の意味だけ調べると首刈り族のことなんですよね。そうです、刈った首をネックレスにしてぶら下げてるヤバい人たちです。

縄文時代、いくら狩りが生業だからといっても、ヒトの首は刈っていませんでした。むしろそれ以降の日本人のほうが、首を刈っていたのではないでしょうか。罪人や敵対する勢力の首は刈られ、河原に並べられるという残忍な風習がありましたよね。戦国時代なんて、戦いの後、その首にどのくらいの価値があるのか「首実検」なんていうことをして、部下の報奨金を決めたりしていたようです。

そのヘッドハンターに首を差し出すのか差し出さないのかは山さん次第ですが、自分の知らないところで首実検され、値踏みされているみたいで、なんだかぞっとしますね。僕ならお断りです。

首実検

戦国時代、戦場で討ち取った敵の首を、どのくらいの価値があるのか（どの地位の者か）、責任者が検査したこと。

ナガ族

インド、ナガランドに住むナガ族は80、90年代（つい最近だ！）まで人の首を刈っていたという。今はアヘンなどを吸って楽しく暮らしている。かつては刈った人の首を実際にネックレスにしてぶら下げていたらしいが、最近は左のような物で代用している。

縄文人に相談だ——77

仕事中のエロサイト巡回がやめられません

フリーランスでライターをしています。たいていは自宅で作業しているのですが、どうしても原稿を書きはじめる前にエロサイトのブックマークをクリックしてしまいます。1時間くらいエロサイトを巡回したあと、やっと原稿にとりかかるのですが、気づくとまた元のエロサイトを巡回する作業に没頭しています。縄文人様、僕をなんとかしてください。

（ナオキ、35歳フリーランス、男）

性欲とは動物にたとえるとイノシシのようなもの

エロいことって楽しいですし、ネットは掘れば掘るほど何かしら出てきますからね。現代の発掘さながらにディグっていくと、インターネット草創期から数年～十数年前の情報やコンテンツが分厚い地層のようになっていて、エロ世界の広さと深さにただただおののくばかりです。

ご相談をまとめると、性欲に振り回されて集中できないということかと思いますが、性欲とは動物にたとえるとイノシシのようなもの。走り出したり暴れたりしたら、狩りの経験の浅い青二才には押さえつけるのは至難の技です。でもたいていの場合、大人になって経験を積めば、イノシシだって上手に仕留められるようになるはずです。

35歳ですか……ナオキさんの中にいるイノシシは、とんでもない大物かもしれません。危険はいっぱいですが、なんとか頑張って仕留めて（性欲を抑えて）ください。

イノシシ

縄文時代イノシシは大変重要な獲物であった。しばしば土器にもイノシシらしき動物の意匠が付けられたりする。本州の縄文人は北海道アイヌのクマ送り（イオマンテ）のようにイノシシ送りの儀式をやっていたようだ。そもそも北海道にイノシシがいなかったため北海道縄文人はクマを送ったのではという疑いもある。

ディグる

掘る。掘り起こすの意味。元々はレコードを探す（掘り起こす）ことをいっていたが、最近でも色々なジャンルでも使われる。ただ、発掘のことを土器をディグる、とか埋蔵文化財をディグるとはいわないようだ。

縄文人に相談だ——78

彼氏の前でオナラができません

彼氏の前でオナラができません。なのでデート中はいつもお腹がパンパンでつらいです。友達に聞くと、「出ちゃったらしょうがない、開き直るしかない」って信じられないことを言います。でもこのまま一緒にいたら、いつかは出ちゃうかもしれないし、私のお腹が爆発するかもしれないし……。

（猫のぷー、23歳、女）

最古のエンタメ、オナラ

オナラって一番面白くないですか？

まず音がいいですよね。「ぶー」とか「ぷっ」「ビー」とか、オナラの音って表情がさまざまで味わい深くて最高じゃないですか。あと匂いも臭くて面白くないですか。しかも出てくる場所がお尻からだなんて、もう完璧。スーパー滑稽。笑うしかない。

もしオナラにキャッチフレーズをつけるとしたら「最古のエンタメ、オナラ」ですよ！　これはもう彼氏の前でしない手はありません。

いい顔の土偶

上：板状土偶の顔。上下とも環状列石の遺跡から出土。

秋田県伊勢堂岱遺跡、縄文後期前葉

下：小牧野の環状列石の北東に広がる墓域から出土。この時期の定番だった髪を表現した隆帯がとれて、坊主頭の状態となり、なんだかさみしい表情をしている。

青森県小牧野遺跡、縄文後期前半

万国共通のギャグ

「オナラは万国共通のギャグだと思ってる」とは、〝変なおじさん〟志村けんの言葉。

精神のオナラ

「不平、悪口は精神のオナラなり」とは仏教学者の福田亮成の言葉。

オナラで空を飛ぶ

キン肉マンなどの定番のオナラギャグ。くだらないが笑ってしまう。2017年日本公開の映画『スイス・アーミー・マン』ではダニエル・ラドクリフくん（死体）のオナラでジェットスキーのように海を渡るシーンがある。

クライアントがエラそうで腹が立ちます

現在の会社は日本でもなかなか大きなPR会社でクライアントは日本の代表的な企業が多く、実際やりがいもあるのですが、悩みはそのクライアントが偉そうすぎることです。例えばA社のA担当者、フリーランスのプランナーやライターにはどんなに年が上でも敬語は無し、はたから見ても見識も能力も大学生に毛が生えた程度なのに平気で仕事論を押し付けたり、さらにはうまくいかないと怒ったりもします。例えばB社のB女性担当者、自分たちはスケジュールを1回だって守らないくせに、こちらには1分でも遅れると始末書を要求し、さらには値下げ交渉までし始める始末。お前のせいで遅れたんじゃボケ！

（PPRP、26歳会社員、男）

縄文時代は森が所属先であり肩書きでした

いやあわかります。大きな企業に入ると自分まで大きくなった気がするんでしょうね。今は大企業はもちろんヘタしたら自治体だって破綻する時代、いつまでも会社が守ってくれると思っているなら大間違い。もし肩書きを取っ払わなければならなくなったらA君もBさんも大丈夫でしょうか、PPRPさんよりそちらの方が心配です。まあ大企業のモンスター広報を作り上げたのは彼らを必要以上にリスペクトした広告代理店やPR会社そのものって説も濃厚で、自業自得なのですが……。

日本の歴史の中で、最長にして唯一の安定した時代は縄文時代でした。縄文時代はいってみたら1万年続いた安定企業。そしてムラのある森が彼らの所属先であり肩書きでした。そしてどんなに長く続いたとしても、必ず終わりはやってきます。縄文時代の完成された循環は、外資系企業のような弥生文化が大陸からやってきて残念ながら続けることができなくなってしまいました。恨み言をいいたいわけではなく、それは一つの文化の寿命のようなモノだったかもしれません。

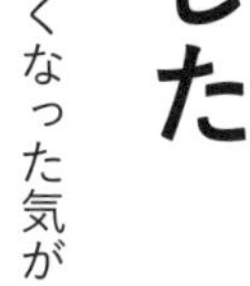

モンスター広報

クライアントという立場は人を狂わせる。良識ある方ならそんなことは無いはずですが、嘘でしょ？　というくらいに偉そうになったり、人間としての位まで上がった気になったり……。

一つの文化

縄文時代の日本は決して一つの文化ではありませんでした。各地域でいくつかの文化圏に分かれ、また時代によっても変化しています。やっぱり1万年間というのはとてつもなく長い時間だったんですね。

僕の小学生時代、全然クリエイティブじゃなかったんですが

子どもの時の話なんですが、小学生のときって、周りの大人はものすごく子どもにクリエイティブなことを期待してくるじゃないですか？　大胆な色使いとか、自由な発想とか、大きな夢とか。実は僕、あれがものすごく苦手だったんです。見たまんまを絵に描いたり、言われた通りのことをこなしたりするのは嫌いじゃないんですが、そんな僕を見た大人の残念そうな顔ときたら……、あれ、なんなんですかね。縄文時代ってすごいクリエイティブだっていわれたりしてますけど、プレッシャーじゃないんですか？

（中肉中背、20歳、男）

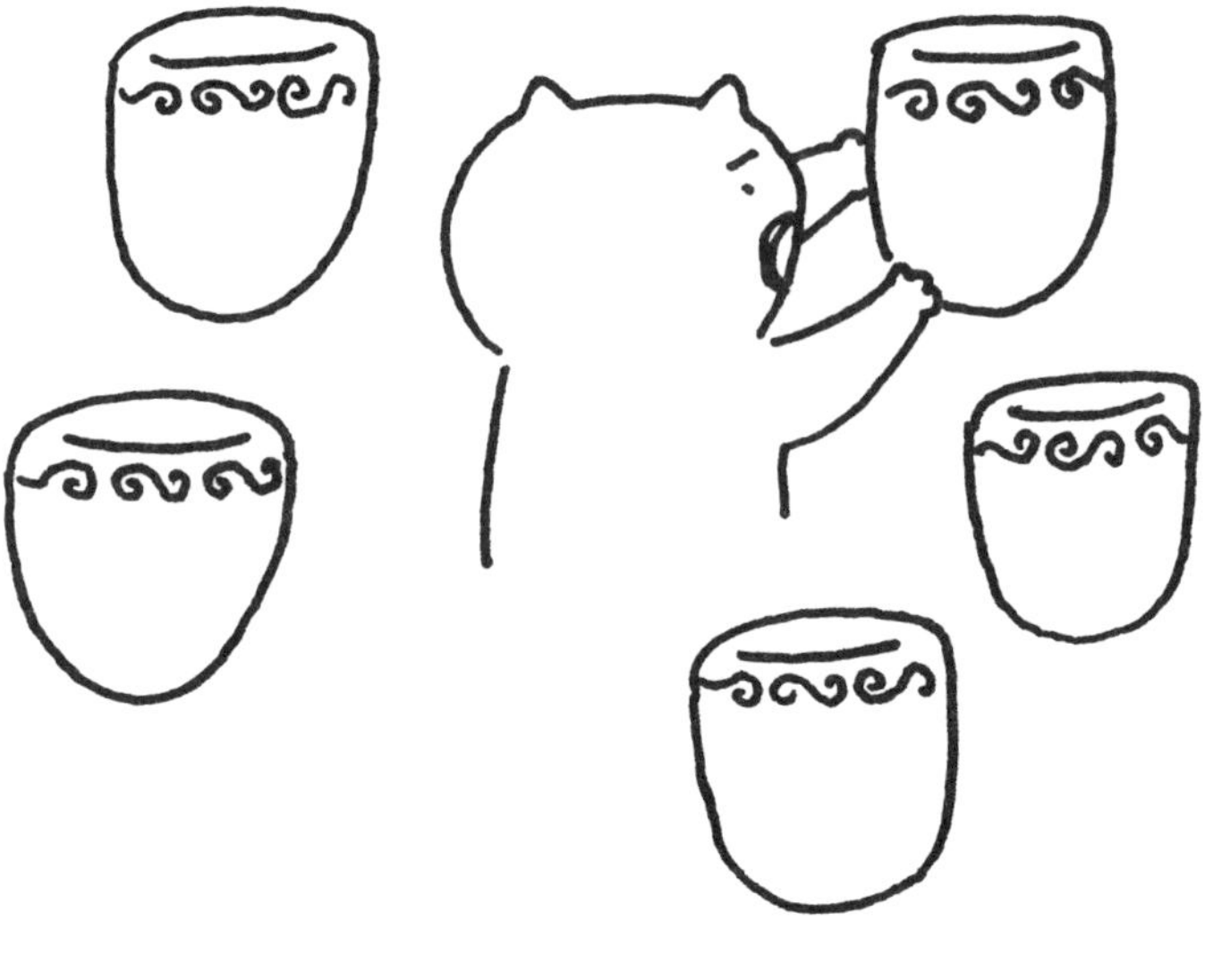

クリエイティブ？縄文土器だってルールでガチガチ

　縄文時代もクリエイティブだとか、アートだとかよく言われるんですが、実際はそんなことなかったんですよね。たとえば火焔型土器（46ページ）って、造形的にすごいじゃないですか。後世の芸術家がびっくりして爆発するほど情熱的な造形をしているんですが、実はあれ、ルールでガチガチだったんです。そこに作り手のクリエイティビティが入り込む余地なんてゼロ。自由裁量権はルール内でほんの少しだけ。だからあんなに同じデザインの土器がたくさん作られたんです。もちろん、他の形式の土器だって同じです。土器のデザインは個人の自由な発想を生かせる場ではなくて、集団のアイデンティティの旗印のようなものだったのです。

　中肉中背さん、だから本当によく気持ちがわかります。独創的な子どもばかりじゃないですし、独創的な縄文人ばかりでもないんですよね。子どもにだって縄文人にだって実務家タイプがいたっていいと思います。

アートと縄文

岡本太郎が1951年に上野で縄文土器を再発見して以来、縄文土器はアートの文脈で語られることが多かった。縄文人もその気は無くてもアートと言われて悪い気はしなかっただろう。

集団のアイデンティティ

集団のまとまりには何かのシンボルが必要だ。内から見ても外から見ても同一化でき、自信を集団の一部と認識できるような「何か」が必要なことは縄文時代でも現代でも変わらない。縄文時代は土器文様がそれにあたり。現代ならブランドのロゴや、企業のCI。国旗ももちろん、国によっては王様や女王様がシンボルになっていたりする。

縄文人に相談だ——81

手汗ひどい系女子です

昔から手汗がひどくて悩んでいます。少しでも緊張するとドバッと手汗が出てしまいます。以前、好きになった人が手をつなごうとしてくれたのに、どうしても手汗が気になって手を振りほどいてしまいました（涙）。手汗にいいことなんてありません。もうっ。

（リンコ、25歳、女）

土偶

岩手県小田遺跡、縄文晩期

手汗って、キラキラしてまるで星空みたい

たしかに縄文時代でも、手汗はそれほど有利には働かないかもしれません。多少の汗ならグリップ力を高めるので、狩りのとき弓をつがえるのに便利かもしれませんが、あまりに手汗がひどいとむしろ滑っちゃいますしね。崖を登るときも手は乾いていたほうがよさそうです。でも、土器作りの場面では粘土の乾燥を防ぐ意味でプラスかもしれません。

勝手な感想で、気を悪くしたら申し訳ないのですが、手汗って手のひらを光にかざしたときにキラキラしてまるで星空みたい。素敵。

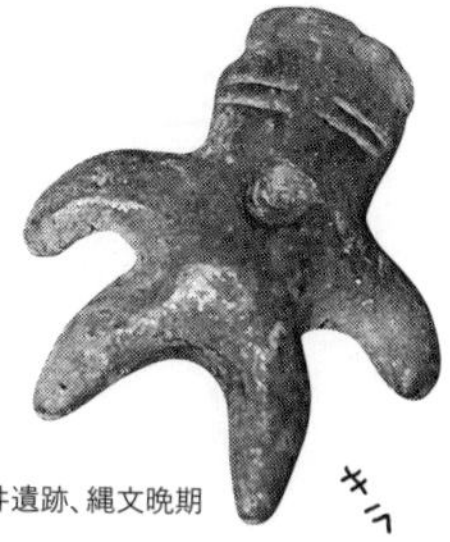

土偶

岩手県山井遺跡、縄文晩期

手汗

緊張するとジワリと滲む手汗、なかなか自分ではコントロールできない現象です。ひどい人は手術で治療することもあります。手汗が大敵のスポーツ「クライミング」。手汗のひどい人の手を海外では「リキッドフィンガー」と呼んでいる。かっこいい。日本では「汁手」。かっこ悪い。

土器作りの手順

実は土器作りで一番時間をかけるのが「乾燥」である。土器の成型後2週間から1ヶ月は日陰で乾燥させます。この工程がうまくいかないと野焼きで割れたりヒビが入ったりする。

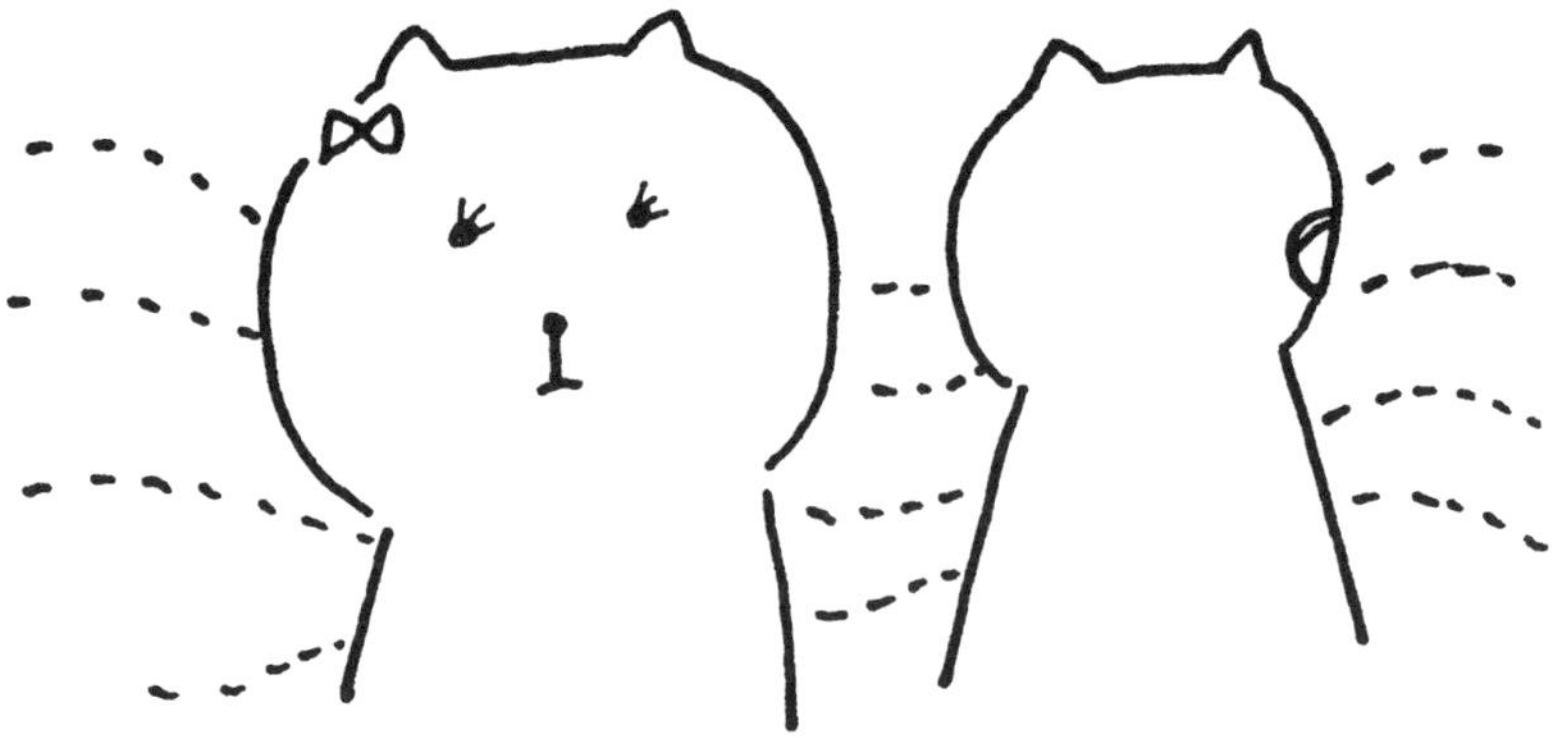

10年付き合った彼氏のことが忘れられません

半年前、10年間付き合って同棲までしていた彼氏とお別れしました。理由は単純、彼のほうに他に好きな人ができたのです。別れを告げてから3日で彼は出ていきました。なのに私は、3ヶ月たっても、半年経っても、彼のことが忘れられません。どうしたらその彼のことを忘れられるでしょうか。

（さくら、31歳、女）

儀式が足りていないのでは？まとめて全部貝塚へ

お葬式、結婚式、入学式に卒業式。世の中にはいくつもの儀式がありまず。なぜこんなにたくさんの儀式が必要なのでしょうか。それは、人生にきちんと区切れをつけるため、折り合いをつけて次に進むために必要だからです。

何があっても何もなくても、人生は切れ目なく続いているわけですから、良きところで儀式という句読点を打つことはとても大切です。もし、さくらさんがうまく「10年彼氏」に句点を打てないのだったら、それは儀式が足りていないのだと思います。何も、堅苦しいものじゃなくていいんです。彼氏が忘れていったくだらない絵柄のトランクスをシュレッダーにかけて粉々にするとか、彼氏がプレゼントしてくれたオリジナルの（今見ると20点くらいの）詩集を燃やし、灰を鴨川に撒いてビートルズの曲を歌うとかオリジナルでいいんです。バチっと儀式しちゃいましょう。

もし縄文時代なら、そんな元彼の思い出なんてまとめて全部貝塚に送っちゃうんですがね。

ものすごくうるさくて、ありえないほど近い

アメリカの小説のタイトル。911同時多発テロで父親を亡くしたオスカー少年が父の遺品の鍵の秘密を探るお話。なのですが、実はその冒険自体が父親の死を受け入れるための「オスカー少年なりの儀式」となっている。

西村雅彦のさよなら20世紀

90年代後半のフジテレビのバラエティ番組。特筆すべきはこの番組のコンセプトだ。「その物の働きに感謝し、華麗に天界へ送り出す」と称し、あらゆるものを爆破しお別れしていた。これもまた一つの送りの儀式と言っていいだろう。

土偶

山梨県蔵原東久保遺跡、縄文中期後半

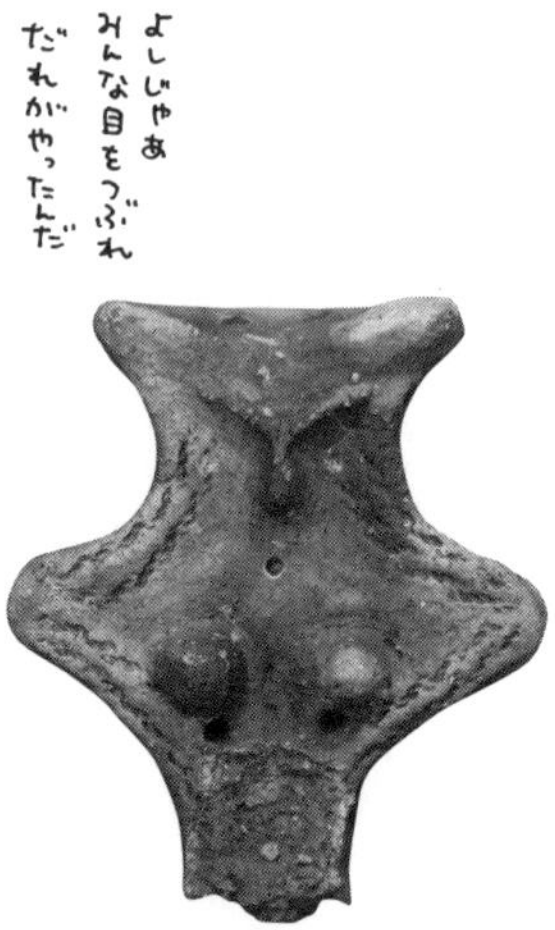
よしじゃあ
みんな目をつぶれ
だれがやったんだ

板状土偶

岩手県大館町遺跡、縄文中期

土偶はいつでも
君と一緒にいるよ。

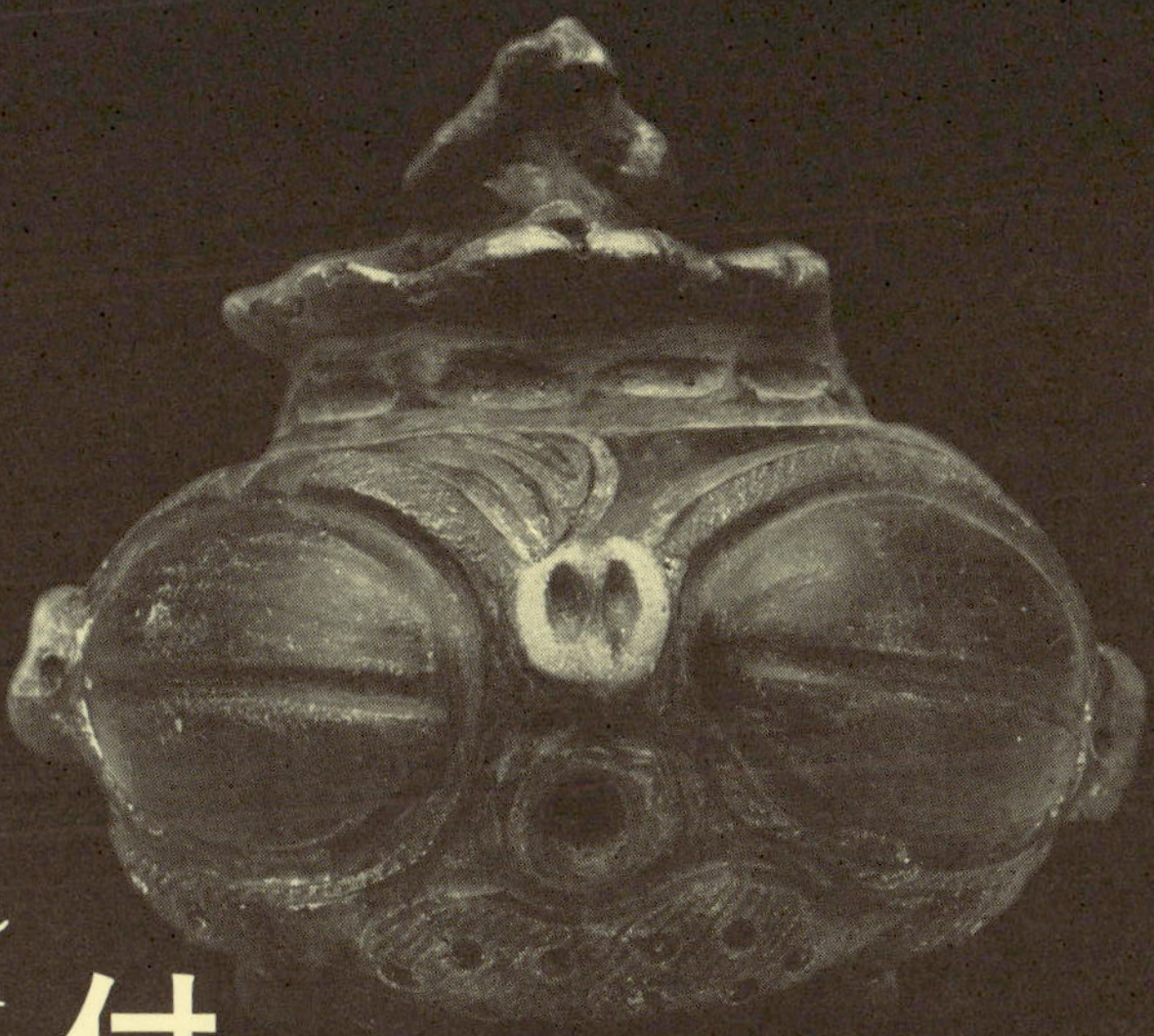

縄文人に相談だ

付録

遮光器土偶頭部

後頭部全体に波形の縦線が刻まれている。頭髪表現のよう。編み込みのようでドープだ。頭頂部は吹き抜けになっている。ツヤのある真っ黒な質感からベイダー卿を連想させるが、一部に赤色顔料が付着している。赤ベイダー。（青森県中居遺跡、縄文晩期前半）

落とし穴
なかなか来ないね
オレ、思ったんだけどさ
落とし穴ってセコくない？

なんで?
だって
セコイし格好悪いよ
正々堂々とイノシシと
向き合って倒す
それが命のやり取り
それが狩り
獲物に対する礼儀
だろ。
ちょっと待ってよ
落とし穴だってなんだって
つかまえたら同じでしょ?
駆け引きの一つだよ
落とし穴だって
立派な戦術だよ
Tactics
何がタクティクスだ
眉毛つながってんぞ
お前ダセエな
あ!?

あん!?
あ!?
お前はどう思うんだよ!
さっきから黙ってるけど
………、
いいか…、
正々堂々とイノシシに向き合えば…
きっぱり
倒されるのはオレたちだぞ
3人でも勝てないぞ
イノシシをなめるな

お前そんな
きっぱり…
確かに
そうかもな…
なかなか
来ないね…

今日も縄文人たちは獲物をとれませんでした…。

漫画◎望月昭秀＋前田はんきち

前田はんきち http://www.hankiti.com

縄文時代の主張、オープンに楽しめる時代

縄文時代とは、誰もが知っていて「誰もがよく知らない」時代だ。
それでも今、さまざまな角度でこの時代を楽しむ人が増えはじめています。アートやファッション、アロマやアクセサリー、狩猟に採集、ダンスに音楽。スピリチュアルなものから、ガチな創作にゆるふわなモノづくり。プリミティブなアプローチはもちろん、（『縄文ZINE』のように）現代的なアプローチだって楽しめますし、中にはヲシテ文字のような古史古伝というアプローチもあったりして……（ここは問題がないわけじゃないけれど）。今はまだ少ない小説や漫画、映画だって、これから増えていくのではないでしょうか。

日本の歴史の中のどの時代よりもわかっていることが少ないのに、こんなにも多角的なアプローチができる時代って縄文時代以外にないのではないでしょうか。他の時代だと、せいぜい古墳をクッションやマスキングテープにしたり、武将をイケメンにしたり戦艦を美少女にするくらいで、ずいぶん多彩さに欠けていませんか（異論は受け付けます）。「わかっていないことが多い」って、実はすごく創作や想像を刺激するんです。

さて、事件はたいてい男がおこします。

まったく違う話のようですが、少し聞いてください。

「応仁の乱」、「本能寺の変」に「関ヶ原の戦い」。聖徳太子に足利義満。織田信長に坂本龍馬。歴史上、目立つのはたいていの場合、男。どんな時代だって、男性とほぼ同じ数の女性がそこにいたはずなのに、歴史の主人公は男ばかりです。それもこれも、文献が登場する時代になると、ほとんどの権力者やリーダーが男になってしまうのが大きな理由でしょう。

まあ、それはいいでしょう。そんな最近の話。ただし、ある時代に注目するとき、歴史上の事件ばかりを追ってはいないでしょうか。そりゃ、ターニングポイントは重要ですし、そこには変化に富んだドラマツルギーが見え隠れしていてさぞかし面白いでしょう。でも、そうなったらスポットライトが当たるのはドラマの主役ばかり。結局、その時代の庶民の生活なんて、視界の端でとらえるどころか、すっぽりと抜け落ちてはいないでしょうか。

安心してください。縄文時代の場合はそんなことはありません。何しろ、文献に残されている事件や合戦どころか、文献や文字そのものがないんですから。英雄や悪漢のような時代の主役もいません。だからこそ、縄文時代を考えるときに思い浮かべるのは、普通に縄文の暮らしを営んでいる普通の縄文人たちのことです。

事件はたいてい男がおこしますが、いつの時代も生活の主役は女性でした。

ご飯を作ったり、子どもを育てたり、誰かの噂話をしたり恋をしたり。竪穴式住居を掃除だってしてただろうし、土器や土偶だって作っていました。祈りの主役も女性だったかもしれません。もちろん男だって負けていられません。力仕事に狩り、資源探査に交易はきっと男の仕事だったでしょう。

現代に暮らす、私たち自身の日々の生活と縄文時代は地続きです。たとえどんなにシティ派を気取っていても、洒落た生活感のない部屋に住んだとしても、日々の生活と自分自身を切り離せる人はいません。誰だって朝、顔を洗ったり、ゴミを出したり、ご飯を食べたりするんです。縄文時代がさまざまでどんなアプローチでも受け入れることができるのには、こういう理由があるのです。

縄文時代、その時代の古さゆえに敬遠する人もたくさんいますが、実際はどの時代よりもオープンで、誰でも楽しむことができる懐の深い時代なのです。

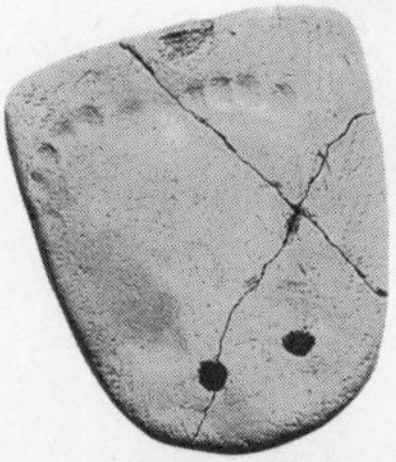

足型・手形付土製品

粘土版に子どもの足型や手形が写し取られ、焼かれたもの。現在のところ北海道、北東北を中心に23遺跡から67点が見つかっています。土製品の大きさは10cmから20cmと小さく、主に0〜3歳までの乳幼児の足型や手形が押し付けられている。紐通しの穴が開けられたものが多くぶら下げられていたと考えられていいるんですが、なんだか縄文時代も今も、やってることはおんなじなんですね。

北海道垣ノ島A遺跡、縄文早期
函館市提供

土偶に会いに行こう

本書に出てきた土器土偶たちにもう一度盛大な拍手を

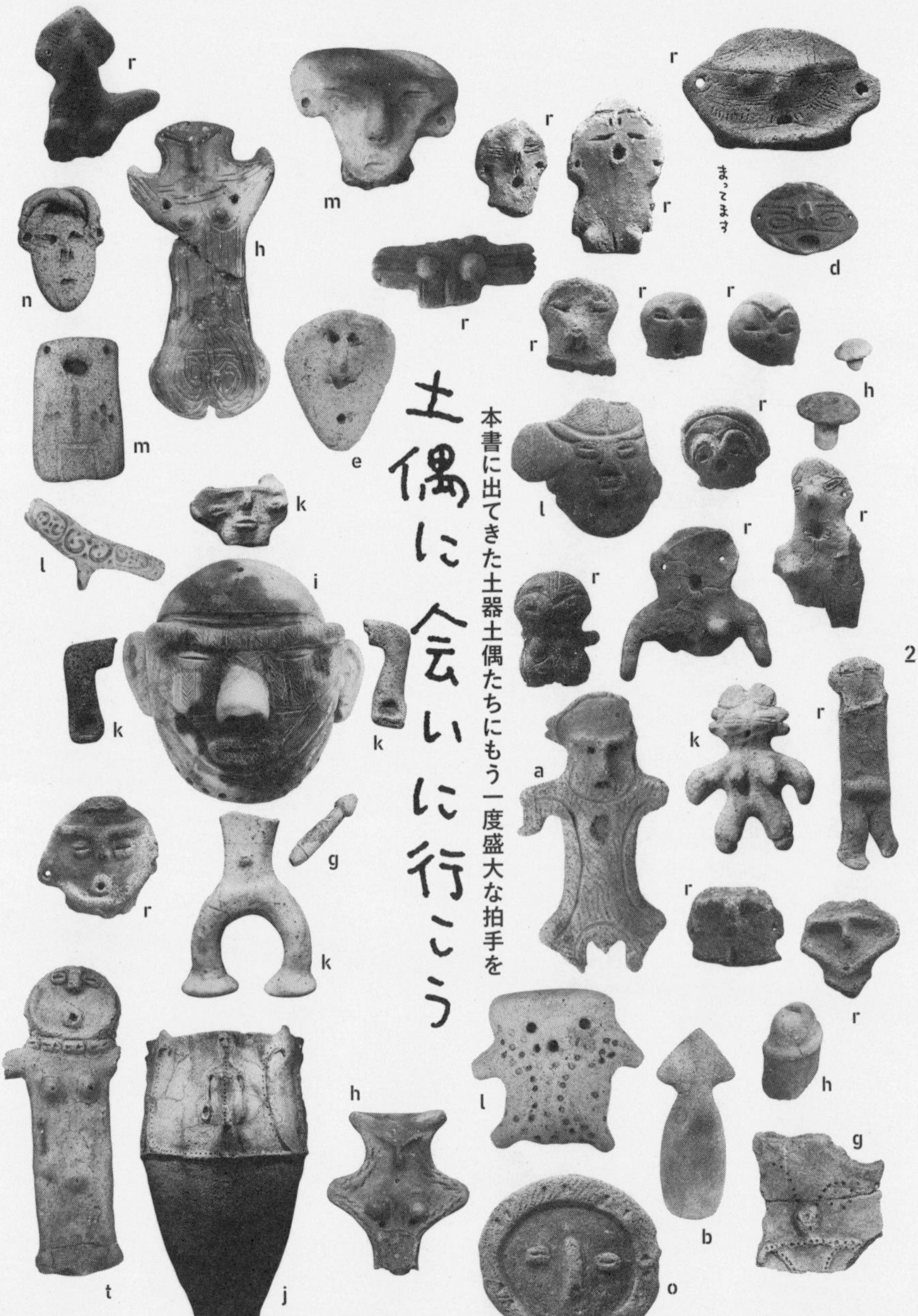

以下の博物館、展示室でこれらの土偶に会えます。

※アルファベットが各土偶と対応しています。展示替えや貸し出しでいない場合もあるかもしれません。

a **千歳市教育委員会 埋蔵文化財センター**
北海道千歳市長都42-1

b **森町遺跡発掘調査事務所**
北海道茅部郡森町森川町292番地24

c **函館市縄文文化交流センター**
北海道函館市臼尻町551−1

d **青森県立郷土館**
青森県青森市本町2丁目8-14

e **小牧野遺跡保存活用協議会**
青森県青森市大字野沢字沢部108番地3

f **是川縄文館**
青森県八戸市大字是川字横山1

g **御所野縄文博物館**
岩手県二戸郡一戸町岩舘字御所野2

h **盛岡市遺跡の学び館**
岩手県盛岡市本宮字荒屋13-1

i **岩手県立博物館**
岩手県盛岡市上田松屋敷34

j **滝沢市埋蔵文化財センター**
岩手県滝沢市湯舟沢327−13

k **花巻市総合文化財センター**
岩手県花巻市大迫町大迫3−39−1

l **大船渡市立博物館**
岩手県大船渡市末崎町字大浜221-86

m **大湯ストーンサークル館**
秋田県鹿角市十和田大湯字万座45

n **伊勢堂岱縄文館**
秋田県北秋田市脇神字小ヶ田中田100-1

o **じょーもぴあ宮畑**
福島県福島市岡島宮田78

p **十日町市博物館**
新潟県十日町市西本町1丁目

q **津南町農と縄文の体験実習館 なじょもん**
新潟県中魚沼郡津南町大字下船渡乙835

r **北杜市郷土資料館**
山梨県北杜市長坂町中丸1996-2
写真の資料はすべて北杜市教育委員会所蔵

s **浅間縄文ミュージアム**
長野県北佐久郡御代田町大字馬瀬口1901-1

t **小諸市立小諸高原美術館・白鳥映雪館**
長野県小諸市菱平2805−1

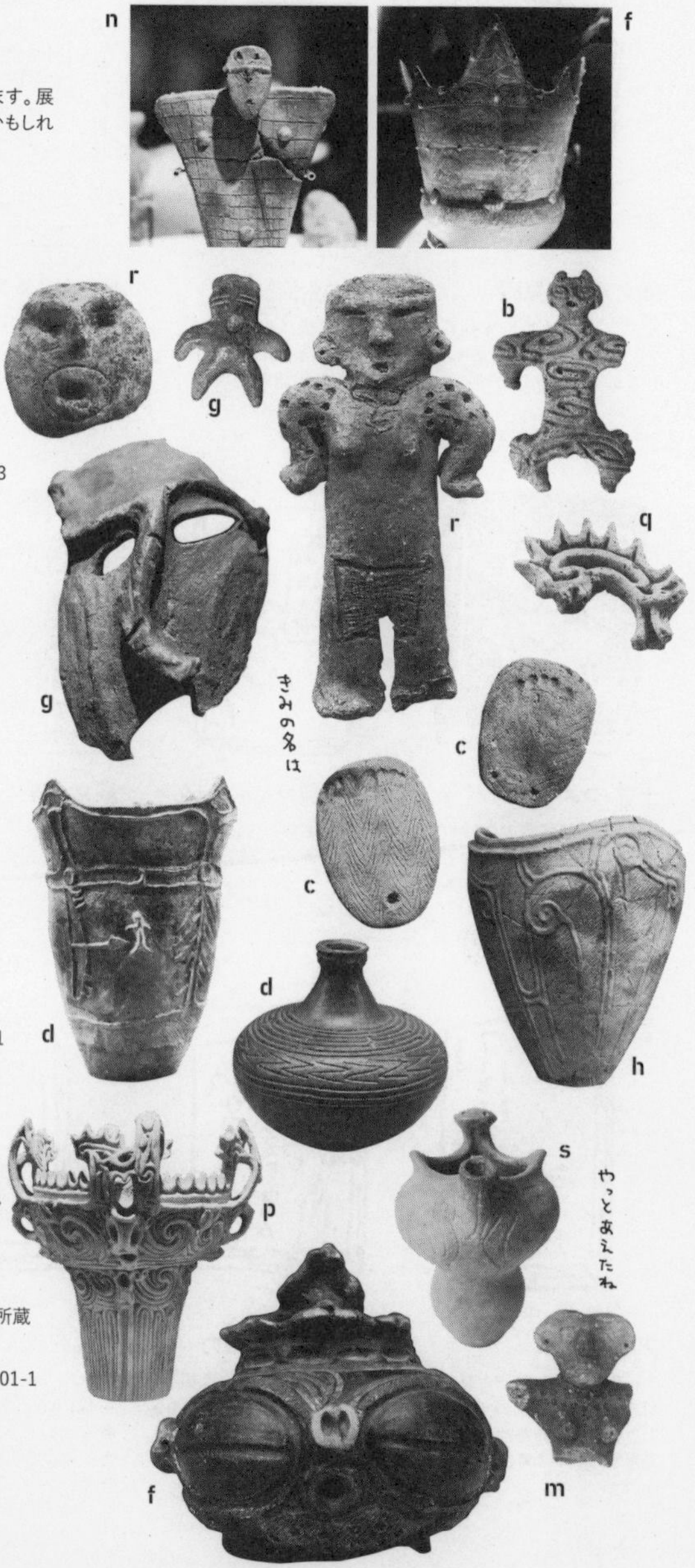

本書は縄文時代を楽しむ本であって、勉強のための本ではありません。なのできちんとした概説や遺物の写真などを楽しみたい！ という方、こちらの書籍などはどうですか？

縄文時代の解説は本によって多少の違いがありますのであわせて何冊か読むことをオススメします。多少の偏りはご自身でバランスをとってください。今回紹介する本はあくまで個人的なオススメです。

縄文人の世界観

縄文人の神話的世界観という証明しづらいテーマの本書。言葉のセンス、パンチラインが多い。

大島 直行／国書刊行会

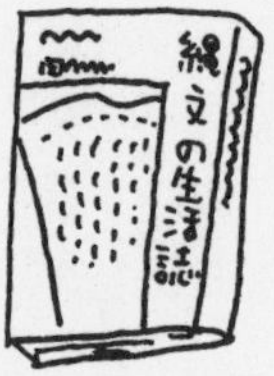

縄文の生活誌

堅実な解説はもちろんですが当時の生活を再現した小説仕立ての生活誌が風景が浮かぶ。大変参考にしている。

岡村 道雄／講談社

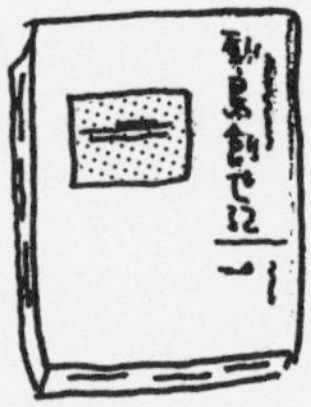

旧石器・縄文・弥生・古墳時代
列島創世記

旧石器から古墳まで日本の古代を俯瞰して読める。口絵の写真もきれい。

松木 武彦／小学館

土偶・コスモス

2012年の展覧会の図録の本書ですが、土偶の写真はどの土偶本よりも美しい。解説もわかりやすい。

MIHO MUSEUM／羽鳥書店

縄文土偶ガイドブック

わかりやすく読めて入門としてもオススメ。考察の説得力もある。

三上 徹也／新泉社

縄文土器の研究

縄文研究の第一人者による土器解説本。図版が多い。難しいが面白い。

小林 達雄／學生社（普及版）

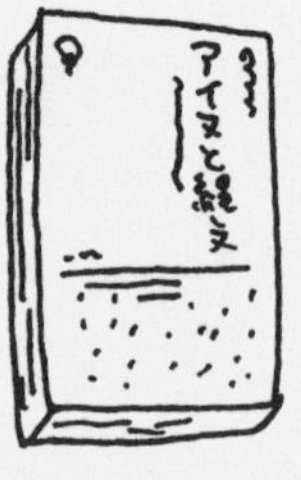

アイヌと縄文

アイヌと縄文をはっきり結びつけ解説している。これこれ、これが読みたかったと膝を叩く。

瀬川 拓郎／ちくま新書

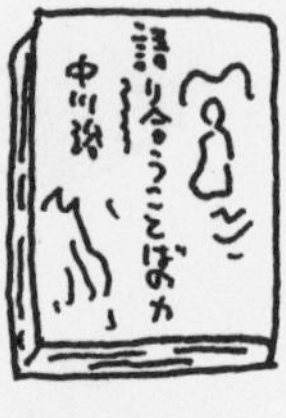

語り合うことばの力

アイヌの言葉について知りたければまず本書。こんなにも多彩な言葉があったのかと驚愕。面白すぎる。

中川 裕／岩波書店

日本列島人の歴史

ジュニア新書と侮るなかれ、著者はDNA研究の第一人者。考古学を読み解くには科学の力は無視できない。

斎藤 成也／岩波ジュニア新書

黒曜石 3万年の旅

黒曜石のことなら本書。考古学者が書いたとは思えないほど文章がエモい。

堤 隆／日本放送出版協会

Tel.342
1 2
3 4
大好評発売中！
縄文ZINE
土
¥1480＋税
http://jomonzine.com
フリーペーパー縄文ZINEの１号から４号までをまとめた合本です。合本でしか読めない企画もちゃんと盛り込みました。ぜひお買い求めください。
通常（フリーペーパー）号も
順次好評配布中！
都会の縄文人のためのマガジン
縄文ZINE
詳しくはホームページや
各種SNSをチェケしてください。
http://jomonzine.com
@jomonzine
Instagram_ jomonzine
facebookページあります。

縄文人に相談だ——83

今度こそ怒られるかもしれません

（あとがきにかえて、縄文ZINE編集長　望月昭秀）

2015年8月、縄文ZINEという名前の奇妙なフリーペーパーを誰に頼まれたわけでもなく発行し始めました。今でこそ縄文きてるね、いろんなところで縄文を見かけるよ、などと言われ、縄文プチブーム（ブームではない）のつむじ風が吹いているようですが当時ははっきりと無風でした。凪といっても良いぐらいの無風。縄文時代を好きだと言う友達は身近では一人だけ、ほとんどの人は僕の熱弁を遠い国の太鼓の音のように興味なさげに聞いていました。マーケティング？　知るか！　そんなことやってるから世の中つまらなくなるんだよ！　などと怪気炎をシンゴジラばりに吐きまくり自分を奮い立たせました。もちろん広告なんて入るわけもなく、費用はまったくの持ち出しでした。それでも調べれば調べるほど、遺跡に行けば行くほど面白さを増して行く縄文時代に何かの確信を感じていたのは確かで、縄文ZINEには僕自身が面白いと感じた部分を抽出して変な味付けをして32ページの短い誌面に詰め込み、1号、2号、3号と号を重ねて行きました。何が言いたいかというと、縄文ZINEは縄文が人気だから作ったのではなく、パッとしないから作ったのです。

すると不思議なことに世間に生暖かい風が吹き始め、僕自身もいろいろなメディアに取り上げられる機会が増え始めました。本書のような企画も形になりました。この現象にはいろいろな要素と意見があるのはもちろんで、怒られるのを覚悟して言わせていただければ、このプチブームは雑誌縄文ZINEの起こしたほとんど実態のない捏造（「捏造」は考古学界では大変センシティブな言葉ですが）のような〝縄文きてる感〟だったのではないでしょうか。

現代的な悩みはこの頁も入れて全部で83。今回はこのような企画で本を出させていただきました（縄文時代をテーマにして概説的なページが一切無い本は今まで無かったのではないでしょうか）。前の方でも多少の言い訳をしましたが、大切な言い訳なのでここでもう一度繰り返します。

本書の特性として、わかりようのない縄文人の心に、まるでその場に居合わせていたかのように果敢に、踏み込み、時に断定的な書き方をしていますが、ここには筆者の想像も多分に含まれています。

端的に言えば、考古学者ではないということをフルに活用させていただきました。

この本を読んでいただいたみなさま、縄文時代というもう一つの視点が頭の片隅にほんの少しでも残ってくれたら幸いで、かつ本書の目的はそこにあります。さらに一歩進んで縄文時代に興味を持っていただけたとしたら、ぜひ近所の遺跡に行ってみてください。地元の土偶が変な顔してあなたを待っているかもしれません。

縄文プチブームは実態のない捏造と口が滑りましたが、面白い面白いと言ってたら、確実に広まってきているのは紛れもない事実です。

お悩み募集

お悩みを引き続き募集します。こちらまでメールをください。現代人のみなさん、いい感じの悩みがあればぜひお聞かせください。

株式会社ニルソンデザイン事務所内
縄文ZINE編集部
info@jomonzine.com

著者略歴

望月昭秀（もちづき・あきひで）

1972年、弥生の遺跡である登呂遺跡で有名な静岡県生まれ。株式会社ニルソンデザイン事務所代表／縄文ZINE 編集長。

ニルソンデザイン事務所は商品パッケージから書籍、雑誌まで、グラフィック全般を幅広く手がけているデザイン事務所。2015年からフリーペーパー『縄文ZINE』を発行。メディアへの露出も多い。


本書では、企画・編集・執筆・デザインから、イラスト・撮影まで、ほとんど全部を担当。

好きにやらせていただいた担当編集の国書刊行会伊藤さんに感謝。

（漫画はコニコ高橋由季さん、前田はんきちさん。写真は各博物館からお借りしたものも）

縄文人《じょうもんじん》に相談《そうだん》だ

2018年1月19日初版第1刷印刷
2018年1月24日初版第1刷発行

著者　望月昭秀

発行者　佐藤今朝夫
発行所　株式会社国書刊行会
〒174-0056　東京都板橋区志村1-13-15
TEL.03-5970-7421　FAX.03-5970-7427
http://www.kokusho.co.jp

ブックデザイン　株式会社ニルソンデザイン事務所
印刷所　株式会社エーヴィスシステムズ
製本所　株式会社村上製本所

ISBN978-4-336-06239-0　C0021